广西壮语词义及词性关系概论

赵民威　吴腾毅　著

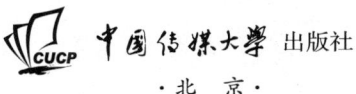

·北京·

前　　言

　　语言承载着文化信息，不同民族的语言的表达方式各不相同，因此造就了风格各异、内容丰富的多民族文化。想要去了解一个民族的思想文化，需要从多角度切入，可以从民族服饰着手，也可以从饮食习惯出发，还可以从婚嫁习俗入手。语言是最能直观全面地反映一个民族的文化内涵的。语言系统有三个构成部分：语音、词汇和语法，传统语言学将其称作"语言三要素"。现代语言学则认为语言是由语音、语义、词汇和语法四个要素构成的。从形式和内容角度看，语音是形式，语义是内容；从音义结合角度看，词汇是材料，语法是规则。作为语言的建筑材料的词汇，尤其是那些最基础的词汇，蕴含着丰富的文化信息。研究这些基础词汇在不同语境中所具有的不同意义，对了解一个民族的文化，尤其是最原始、最通俗的文化有着很大的帮助。张公瑾和丁石庆先生说过："一种语言是一个民族所观察到的客观世界的缩影，因为我们所观察到的一切现象都会用语言表达出来，又都巩固在语言宝库之中。"壮族作为中国人数最多的少数民族，所使用的语言是壮语。1955年5月有关制订壮文的座谈会在广西南宁召开，会上，专家们讨论了壮语方言划分问题，最后决定将壮语分为南北两大方言，两大方言又各自细分为若干个土语。两大方言划分的主要依据是语音和词汇的某些特征，再参考一些语法方面的材料；土语划分的主要依据是语音特征，再参考一些词汇方面的材料。

　　语言的使用习惯不同，所蕴含的文化信息也有所差异。壮语词汇丰富，大量的词语带有形象色彩，它们表达别致，结构独特，在运用过程中能生动地概括反映客观对象的本质特征，同时又能表达出所蕴含的深层内涵。

　　基于此，笔者结合自己多年来的研究和教学等实践撰写了《广西壮语词义及词性关系概论》一书，本书主要研究了认知语言学下壮语多义词的词义和词性的相互关系。希望本书的出版能给学界提供更多的学术参考和价值。

赵民威　吴腾毅
2023 年 10 月

目 录

第一章 绪 论……………………………………………………………1
 第一节 选题缘由……………………………………………………1
 第二节 研究综述……………………………………………………1
 第三节 研究意义……………………………………………………11
 第四节 研究方法……………………………………………………12

第二章 壮汉语关系词的词义演化比较研究……………………………14
 第一节 "名词"词义演化比较……………………………………14
 第二节 "动词"词义演化比较……………………………………17
 第三节 "形容词"词义演化比较…………………………………20

第三章 壮语"体"范畴的词义研究……………………………………22
 第一节 壮语"完整体"范畴………………………………………22
 第二节 壮语"非完整体"范畴……………………………………38

第四章 壮语"吃"的多义词研究………………………………………55
 第一节 饮食类动词的演变历程……………………………………55
 第二节 壮汉语"吃"类词群隐喻比较……………………………57
 第三节 壮汉语言接触与借用的历史层次…………………………62
 第四节 壮汉语"吃"类词义演变原因及意义……………………64

第五章 壮语形容词的直观形象色彩研究
   ——以人的身体部位与形容词的合成为例……………66
 第一节 头部、颈部与形容词组合…………………………………67

第二节　身体与形容词组合 …………………………………… 72
　　第三节　四肢与形容词组合 …………………………………… 74

第六章　壮语身体部位词的词义分析研究 ………………………… 77
　　第一节　精细化的含义 ………………………………………… 78
　　第二节　头颈部身体词 ………………………………………… 78
　　第三节　躯干、手及内脏身体部位词 ………………………… 95

第七章　壮语身体部位精细化词义及词性的转变研究 …………… 106
　　第一节　头颈部类身体词的词义及词性的转变 ……………… 107
　　第二节　躯干、手部及内脏部位词的词义及词性的转变 …… 112

第八章　壮语身体部位词词义精细化的规律研究 ………………… 116
　　第一节　词和短语之间的转换 ………………………………… 116
　　第二节　不同语境的使用 ……………………………………… 119
　　第三节　借助汉语相关的表达方式 …………………………… 122

第九章　壮泰语的状语类型以及标志词的比较研究 ……………… 125
　　第一节　壮泰语的状语类型 …………………………………… 125
　　第二节　壮泰语状语的标志词 ………………………………… 129

第十章　壮汉语序比较及壮汉双语教学建议 ……………………… 138
　　第一节　壮汉语序类型比较 …………………………………… 138
　　第二节　壮族学生在汉语学习过程中常犯的语序偏误 ……… 141
　　第三节　壮汉语序比较在壮汉双语教学中的建议 …………… 142

第十一章　结　语 …………………………………………………… 145

参考文献 ……………………………………………………………… 146

后　　记 ……………………………………………………………… 158

第一章 绪 论

第一节 选题缘由

语言具有社交特性，它为人类的相互交流提供了核心工具。词作为可以灵活使用的最微小的语言单元，构成了语言的基本要素，是人们进行信息传递与实现交流目标的主要途径。词汇是由词和固定短语构成的，词汇研究是语言学中的一个重要部分，毕竟没有材料就没有建筑，没有词汇就没有句子。句子是依照语法规则由词构成的，进而用于交流。词汇同时反映了社会发展与语言演变的状况，象征着我们对客观世界的理解的广度以及深度。因此，词汇在语言学研究中占有极其重要的地位。

壮语是壮族人常用的语言工具，其使用者超过 1500 万。它可以划分为南北两大方言区，进一步分为 13 个土语区。长期以来，壮语一直是学术界的研究焦点，并且已经取得了相当数量的研究成果。目前，对壮语的研究不仅深入到了语音和词汇层面，还广泛涉及语法研究。从内容来看，研究壮语的语音和语法的资料比较多，壮语词汇方面的研究相对较少。因此，本专著将广西壮语词汇作为研究对象，并通过描绘和分析其词义和词性，希望填补壮语词汇研究的空白。

第二节 研究综述

近百年来，我国在壮语研究方面取得了很大成就，尤其是中华人民共和国成立后，随着民族成分普查运动的开展，学者对壮语的语言研究更为重视。不断有关于壮语研究调查报告及专著的发表,壮语的研究材料越来越丰富,壮语的研究以其独特的面貌呈现在世人眼前。同时我们也应该看到,学界对壮语语言研究的着力点在语音和语法方面。在语音方面,壮语的语音研究成果比较丰富,既有对壮语的各方言及其土语的语音的静态描写,也有对语音系统的动态的分析研究,如由广西壮族自治区语委研究室编写的《壮语方言土语音系》,就很详细地记录了广西58个壮语土语区的语音系结构;壮语的语法研究也是当代学界研究的热点方向,尤其是在壮汉比较方面尤为突出,如由张增业编写的《壮—汉语比较简论》就详细地从语法角度比较了壮汉在短语和句子方面的异同,韦景云和覃晓航合著的《壮语通论》也有专门章节论述语法(分别为词法和句法)。从学界的研究成果来看,当前壮语语音研究和语法研究较多而词汇研究相对较少,这是我们需要重视的研究方向。

从国家提出民族共同发展的政策以来,各个少数民族在不同领域都取得了长足的进步,尤其是在民族文化事业上的成果是有目共睹的。壮族作为中国人数最多的少数民族,壮学硕果累累,其中包括《布洛陀经诗》《壮语900句》及广西非物质文化遗产系列丛书、壮学丛书等。在壮语词汇学研究方面出现了一定的热潮,不断有专著或论文发表,有的研究壮语词的词义,有的考证壮汉词的同源和借用关系,这些都给壮语词汇研究提供了很好的研究思路和方法。壮语词汇成果具体分为以下几种类型。

一、专著类

班弨的《壮语描写词汇学》(民族出版社,2010年版)指出词汇学在部分领域的理论构建及研究手段上仍显不足,这是因为长久以来的情况是,西方的主要语言学流派对于词汇学的关注度低于语音学和语法学。受到这种影响,中国本土的词汇学研究同样显得较为薄弱,不论是在汉语词汇的研究或是其他少数民族语言的研究上,尤其是少数民族语言中的词汇学研究,还有许多亟待探讨的问题。壮族是一个人口庞大的的少数民族,他们的语法和语音研究已然相当全面,并拥有独立的专业书籍,然而迄今为止,尚无关于壮语词汇学的单独出版物,相关的理论框架还未形成,这种情况显然不符合壮语的重要性特点,显示出明显的汉语语言学缺失。基于此，作者利用当代语言学的最先进技术，同时考虑到壮语的具体状况，进行了深度且系统性的壮语词汇同步研究。

班弨的《壮语汉语比较词汇学》（民族出版社，2019年版）论述了壮语与汉语词汇系统的异同，运用学术界的研究成果和资料，从词汇学的视角对壮语和汉语进行了全面而深入的比较，从而深入探讨壮语与汉语共时性和历时性的关系。

陈孝玲的《侗台语核心词研究》（巴蜀书社，2011年版）中第二章名词篇第四节具体通过历史层次比较法和三级比较法对被选定作为100个核心词的身体部位词进行研究，对它们的原始音的构拟进行讨论和评价，考察它们在各自语言中的词义是否产生变化，如何变化，是否反映了词义发展的一般规律，以及该词条在其他亲属语言中是否有对应形式，还讨论了在亲属语言中这些对应词的词义是否发生变转，这种词义的变转能否在其他语言中找到依据。

黄美新的《大新壮语形容词研究》（中国社会科学出版社，2013年版）在对大新壮语800多个形容词进行分析的基础上，研究了大新壮语中形容词的分类、句法功能、组合功能、形容词的配价、形容词重叠式的语义与功能、颜色形容词的语义等方面的语法功能。

何霜的《忻城壮语语气词研究》（广西民族出版社，2011年版）从语气词的名称、语气词和语气词的关系以及语气词的分布、分类、用法、意义、功能、构成等方面，对忻城语气词进行了全面系统的归纳和分析，发现忻城语气词有四种来源，分别是约定俗成、语气派生、语气词的语法化和语气词的借用。

李旭练的《都安壮语形态变化研究》（民族出版社，2011年版）首次对都安壮语（属于壮语北部方言，红水河土语的一种）在形态学场景下进行了全面而深入的研究，主要对其屈折、前缀、后缀等诸多语言现象进行了深入的解读和分析。经过研究，得出结论：壮语的确是一种富含形态变化特点的语言。

蒙元耀的《壮语熟语》（民族出版社，2006年版）精选了超过1380个壮族常用的成语、谚语、格言、警句以及歇后语，并予以直注和翻译。每一项词条都配有明了的解释和相关的实例，用以阐明其应用场景。所有这些语言元素都是从壮族社会生活中提取的，它们涵盖了生产经验、生活技能、道德观念、宗教信仰、价值观和人生观等各种维度。

借由这些习语，我们可以更深入地理解壮族的个性特征和社会文化属性。书中的丰富实例，也可供壮语文教学与语言学研究参考。

蒙元耀的《壮汉语同源词研究》（民族出版社，2010年版）讨论了身体部位60余条词目。在壮汉语里不仅具有相同或相通的词义，语音上也有相当整齐的对应关系；最为重要的是它们当中不少是生活中不可或缺的基本词汇，说明了它们在两种语言中存在着对应关系。

覃国生的《壮语方言概论》（广西民族出版社，1996年版）重点描写了语音和词汇部分，同时还介绍了单句、复句以及壮语的修辞、古壮字、拼音壮字等内容，比较全面地介绍了壮语的语言和文字概况。

韦景云和覃晓航的《壮语通论》（中央民族大学出版社，2006年版）详细地阐明了壮语的语音、字形、词汇、语法以及修辞诸多元素，并融入了众多壮族方言的独特性。特别是在第三章中，着重对词汇进行探讨，全面解析了壮语的词汇建构、意义、同音词、同义词及反义词等，还包括壮语中常用的基础词汇和普通词汇以及壮语的汉语借词和熟语等相关内容。

韦庆稳、覃国生的《壮语简志》（民族出版社，1980年版）是研究者多年的调查研究成果，比较简要地介绍了壮语的总体情况、语音、词汇、语法以及方言。同时还着重介绍了壮语语音的标准音、壮语与词汇系统，而且附上词表，对于壮语常见的突出的语法规律也描述了出来。

韦庆稳的《论壮语的量词》（《民族语文研究文集》，青海民族出版社，1982年版）对壮语中量词的特性、分类和其在"量名词组"中所处的位置做了详尽解析。同时，他还指出中心语并非位于感性和直观后的名词，而是量词自身，这一阐述消除了对量词的错误理解。

韦庆稳的《壮语语法研究》（广西民族出版社，1985年版）深入细化了《壮语简志》中的语法，构建了壮语语法研究的基本框架。

张均如、梁敏、欧阳觉亚、郑贻青、李旭练、谢建猷合著的《壮语方言研究》（四川民族出版社，1999年版）对壮语方言的各个地区在语音、词汇、语法等层面做了详细的讲解。其描写了壮语各个地方的方言以及土语音系的特征，记录了36个方言点的音系特点，是研究壮语方言尤其是壮语音系的重要参考资料。

张元生、覃晓航的《现代壮汉语比较语法》（中央民族大学出版社，1993年版）通过比较壮语和汉语的语法，采用汉壮对比的方式对汉语和壮语在名词组词序上的差异和相似性进行了深入的阐述。

郑贻青的《靖西壮语研究》（广西民族出版社，2013年版）对靖西壮语的语系、词汇、语音、语法以及方块壮字5个主要方面进行了深度和全面的描述，覆盖了靖西壮语的各个方面。这部著作没有对靖西壮语进行单纯的描述，而是将靖西壮语与同是壮语南部方言的龙州壮语，与壮语北部方言柳江壮语、武鸣壮语，与之同源的泰语、原始台语等对比，对靖西壮语的特征进行直接、清晰的展示，指出靖西壮语在壮语以及台语中拥有的特殊地位。

周艳鲜、何丽蓬的《多元视角下壮语与泰语谚语比较研究》（中国社会科学出版社，2021年版）从文学、语言以及文化等多个角度对壮泰谚语的文学、语言、文化属性进行了深入的比较分析和细致的解读。在两个民族社会变迁和历史演变的影响下，壮泰谚语具有明显语言特色、鲜明的审美特征，其文化内涵丰富。两者文学属性有相似点，但语言和文化属性不同，有一定的差异性。该著作从多元视角构建壮泰谚语比较研究的理论建构，为不同民族谚语乃至世界谚语文化的比较研究提供参考。研究通过对其谚语的比较，旨在探究两者语言的历史文化渊源和同源性。

张增业的《壮—汉语比较简论》（广西民族出版社，1998年版）中第二章和第三章分别写了构词法的比较和词类比较，尤其是在第三章的词类比较中，详尽地从词性（实词和虚词）的角度来对比壮汉语的词类。

二、参考工具类

广西壮族自治区语委研究室编写的《壮语词典》（广西民族出版社，1992年版）收录了5000个常用壮语词汇，这是一本首次使用壮文拼写并用壮语解释词义，且配有实例句帮助解读的适用于较广领域的壮语词典。

韦树关、颜海云、黎莎的《国外壮侗语族语言词汇集》（世界图书出版公司，2019年版）收录了东南亚和南亚壮侗语族语言里接近6000个常用的词语。这本书学术性地解读了壮侗语族，这个语族在中国南方、东南亚、南亚一带有着极其广泛的分布。壮侗语族包含壮语、布依语、傣语、临高语等中国语言，也包含泰国的泰语、石家语，老挝的老挝语，缅甸的掸语与坎梯语，以及越南的岱语、侬语、黑泰语、白泰语、普标语、拉基语、拉哈语和印度阿萨姆邦的阿含语等多种语言。书中还指出，一直以来国内的壮侗语族语言研究大多数是着眼于国内的，这是因为国外的壮侗语族语料缺乏。

中国民族语文翻译局编写的《现代汉壮词汇》（广西民族出版社，2013年版）收录了政治、经济、农业、医疗、教育、体育、科技以及日常生活等领域的2.7万多个常见的壮语词汇，大部分为单音节词和多音节词，也涵盖了一些词组、成语和熟语。中国民族语文翻译局为所有壮语条目都配备了汉语拼音，并为每一个词条标注了词性，以便读者正确了解其发音，更精确地理解壮汉词汇。

广西壮族自治区少数民族语言文字工作委员会编写的《壮汉英词典》（民族出版社，2005年版）收录了4500多个壮语的基本词条，共计7300多个义项。在壮语词典中，这本词典占据了重要位置，原因在于它在各个词条中都明确标注了词性，并且共计收录了21个词缀。在词缀处理上，这本词典的独特之处在于它根据词缀和同音词的意义关系来决定词条的分类方法，并针对不同情况对词缀的含义进行了深入研究。然而，它也存在着一些不足，比如解释不完全、错误地将非词缀当作词缀，以及没能为单一意义设置词条。我们应将词汇语义模糊、类别意义明确，且在语言分布上具有定位和黏附特性作为判断壮语词缀的准则。

广西壮族自治区少数民族语言文字工作委员会研究室编写的《壮汉词汇》（广西民族出版社，1984年版）是当前公开出版的较为完整的一本壮语词汇集，内容齐全且翔实，汇集了超2万条词条。这部作品是专家们深入细致的调查所得，且词汇信息含量丰富，在语音学和词汇学的研究领域都占有不可忽视的价值地位，为深入探索及分析提供了一个封闭的考察范围，有利于深度研究与全方位的探索。

这一时期，广西壮族自治区少数民族语言文字工作委员会研究室相继出版了几部专著，如《壮语语法概述》（广西民族出版社，1984年版）、《壮语量词》（广西民族出版社，1988年版）、《壮语虚词》（广西民族出版社，1988年版）、《武鸣壮语语法（修订本）》（广西民族出版社，1989年版），对壮语的一些语法以及武鸣壮语的语法面貌进行了描写。

三、硕博论文类

黄美秋的《天等壮语否定词和否定句研究》（广西民族大学硕士学

位论文，2021年）主要参考了现代汉语的否定词和否定句的理论框架，对天等壮语的否定词和否定句进行了深入的解析和探讨。文章先是通过语音节奏结构对天等壮语的否定词做了介绍并分类；然后，全面区分和分析了天等壮语否定句中的有否定词和无否定词的句型；接着，对天等壮语否定句的否定焦点和执行范围进行了详细说明，并详细描述了壮语特殊的否定形式，包括"不得"结构、否定动态补语结构和并列结构的否定；最后，全面总结了整篇文章的内容。

黄美新的《大新壮语形容词研究》（中央民族大学博士学位论文，2010年）主要采用共时描写方法和语义学理论及方法辅以认知语言学、配价语法及田野语言学等多个相关学科的理论，作者选取了大新壮语中820多个形容词作为主要研究对象，以期从语义和语法功能角度探讨大新壮语形容词。

梁冬丽的《天等壮语词汇研究》（广西民族大学硕士学位论文，2022年）以词汇学、方言学、语言描写以及比较语言学这些理论为基础，以田野调查法、义素分析法、文献法、比较分析法等为研究方法，致力于天等壮语南方方言以及词汇的探究。论文首先以天等壮语的语音特性作为立足点，深入分析和讨论其词汇的聚类、词形构造、词汇乇成和语义关联性；然后选取了地名、亲属称谓、农具名称以及植物名这四类具有传统文化寓意的词类进行深度剖析，以挖掘天等壮语词汇的语音、聚类、构词、造词和语义上的特点，并从这些研究中进一步拓展壮语词汇研究的范畴。

梁生的《清塘壮语词汇专题研究》（广西民族大学博士学位论文，2020年）通过田野调查，运用当代语言调研技术和手段，获得第一手原始语料，综合运用现代语言学理论，以描写语言学为基本研究方法，对清塘壮语核心词、借词、地域色彩词的结构和特点进行全面、深入的描写和分析。核心词层次丰富，形式多种多样，借词主要来源于贺州粤方言、当地官话、梧州方言、地域色彩词等。

兰雪香的《柳城县六塘壮语代词研究》（广西师范学院硕士学位论文，2011年）对柳城壮语里的人称指示和疑问代词做了系统、深入的探讨，也分析了其主要用途和特点。在六塘壮语中，第一人称的复数分为排除式与包括式两种形式，这种划分相较于汉语更加精细且严格。

陆奕晓的《壮语同义形容词研究》（广西民族大学硕士学位论文，

2020年）考虑到语义关联性，以尊重和借鉴先前研究的成果为基础，采纳了语言学的语义、语法、语用和接触学等理论与方式，对壮语中同义词的种类、特性、性质与形成等问题进行深度解析。在这个过程中，作者进一步阐释了壮语同义词的分类、同义性质、语义的变化，同时也对形成同义词的因素与途径做了探讨。此外，作者对于同义词种类、同义性特性、语义变性的分析以及建立同义词的技巧等问题，提出了一些创新性的阐释。其研究在更深入的壮语词汇学研究方面颇有建树，同样，对于壮语文的应用也具有一定的参考价值。

侬常生的《那安壮语量词研究》（中央民族大学硕士学位论文，2012年）视那安壮语量词为一个富有个性、功能灵活且种类繁多的开放词类。文章指出，那安壮语的量词在语言运用中有以下重要功用：区分各类事物、特指某个事物、使某物具备可数性质和区分发音相同的词语等。

伍树燕的《壮语助词研究》（广西民族大学硕士学位论文，2013年）通过运用语法化、类型学、体貌范畴和语言接触等理论工具，让我们能够全面并详细地了解壮语助词，处理与壮语助词的种类、运用以及与汉语助词的比较等相关的问题。这种方法填补了壮语助词研究的空白，并能推断出壮语助词的发展趋势。

伍雅丽的《认知语言学视域下壮汉身体部位词语的比较研究》（广西民族大学硕士学位论文，2013年）提到当谈及汉语和壮语这两种语言的时候，我们可以发现都有大批以身体部位命名的词汇。尽管汉语对于身体部位的词汇研究已有众多成果，但壮语的同类研究还相对缺乏。作者从认知语言学的视角，对汉语和壮语中关于身体部位的词汇进行了比较和分析，努力构建出两者在身体部位词汇语义的隐喻和转喻上的认知系统，还尝试从文化和历史的角度挖掘汉语和壮语认知的异同，为后续汉语和壮语的对比研究提供了全新的理论基础。

王夔《清塘壮语核心词研究》（广西民族大学硕士学位论文，2012年）在强调清塘壮族乡独特的语言环境时，提到了它位于瑶语言圈内，形成了一个被喻为"语言孤岛"的独特环境。这种壮语的"孤岛"性质，揭示了它在语言交流和语言变迁中呈现出的独特性，相关的对比研究能带给我们研究壮语发展的新方向和新思考。作者结合相关的语言学理论、实地调研得到的数据以及相关的学术资料，对清塘壮语、武鸣壮语、贺州壮语及宾阳壮语进行对比研究，并引入了泰国石家语，以期从更广泛的视角深入理解清塘壮语的演变特征,从而验证了清塘壮语作为"语言孤岛"所展现的路径依赖性。

王英远的《壮汉语性别词研究》(广西民族大学硕士学位论文,2016年)指出每个人都以对性别的认知来探寻自我及理解世界,这种认知方式至关重要,大部分语言都有其独特的方式来体现这个观点。壮语更是特别强调利用性别词来阐述性别概念,这成为表达性别概念的主要手段之一,并在壮族的日常生活中广泛使用。论文选取了标准壮语口的性别词作为研究对象,通过深度解析性别词的语义、语法等各个方面,着重研究了壮语性别词的应用规则并探索其文化内涵。

叶俐丹的《壮语动物词汇对比研究》(广西民族大学硕士学位论文,2015年)根据在武鸣县城厢镇夏黄村田野调查中所收集的语料和查阅的相关资料,用词汇学、比较语言学、描述语言学、文化语言学等理论对汉语和壮语里与动物相关的单词进行阐述和解析。

杨心怡的《壮泰语动物类基本层次范畴词汇对比研究》(广西民族大学硕士学位论文,2017年)经过统计、研究和解析,截取了壮泰语中关于动物类别的基本词汇,最后作者得出了25个壮语和23个泰语的动物基本类别词汇。从词语构成、组合特征以及隐喻特征的两个层面对这些结果进行了深度理解与对比,从而观察到在词语构成和组合特征上,壮泰语的动物类别基本词汇有很多相同之处;在隐喻特征上,壮泰语既有相似性,同时也存在一定的不同之处。

四、期刊论文类

李锦芳的《壮语汉借词的词义和语法意义变异》(《中央民族大学学报》,2001年第3期)提到壮语中的不少词语是从汉语中借来的,且这些词在定义和句法层面都存在一些变异性。更明确地说,词义上的改变主要体现在词义的偏移、词义范围的扩大和词义范围的缩小等几个方面。语法的改变主要是词类的改变,以及动词从主动状态变为被动状态,还有形容词虚化成后附成分。

蒙元耀、梁生的《壮语-aw韵字研究》(《广西民族研究》,2013年第5期)提到当前壮汉词汇书中收集和整理了大量的-aw韵字,然而其描述较为简略,因此在这个领域还有研究提升的可能。在壮语的本土词汇中，存在许多用-aw韵创建的字，同时汉语中也借用了许多读-aw韵的字。这些-aw韵字中，有大部分与汉语有明显的对应关系，但现在我们还不能确切地判断它们是由古老的借词还是由同源词产生。这种对应情况不仅揭示了壮语和汉语共享的古老渊源，还表明两种语言在历史发展过程中存在密切的关联。

马丽的《壮语人体词汇语义特征分析——兼与汉语人体词汇比较》（《柳州职业技术学院学报》，2011年第3期）认为，在壮语中有很多以描述人体器官的外在形态来表达内心情感，或用以代表某类性格的语词。这些语词反映出壮族人深刻的直观感性思考模式。

潘立慧的《上林壮语情态动词》（《百色学院学报》，2016年第3期）指出可以将在上林壮语中经常使用的7个情态动词明确划分为两个类别：一种是用来表达确定性，另一种则是用来暗示可能性。这些情态也可以进一步分为4种形式：参与者的内部情态、参与者的外部情态、伦理道德情态以及认识情态。

覃晓航的《壮侗语数词deu¹ soːŋ¹ ha³考源》（《中央民族学院》学报，1993年第5期）明确提出壮侗语里壮傣语支的deːu¹ "一"具有"独立、独一无二"的含义，进一步阐述deːu¹ "一"这个数字词汇最初并非作为计数词使用，它的数量含义是从独立、独一无二这个概念逐渐演化过来的。

覃祥周的《试论壮语动词"guh"的翻译及用法》（《民族翻译》，2012年第2期）以广西红水河地区壮族人民的日常对话为基础，通过叙述壮语动词"guh" 40多个不同的意思和翻译来解析其使用方法，并对此动词有多重意义和功能的缘由进行探讨。

韦达的《壮语词汇的文化色彩——壮族语言文化系列研究之二》[《中南民族学院学报》（人文社会科学版），2002年第3期]主要研究的是壮语词汇中显现的壮族人的情感表达特征、思维模式和道德伦理理念。作者认为壮族的语言词汇中包含了非常丰富的文化成分，在深入理解壮语词汇含义的同时，需要把握其所蕴含的文化元素。

王江苗的《从壮语词汇看壮民族的认知能力及思维方式》[《语文学刊》（外语教育与教学），2009年第12期]认为壮语的词汇有其独到之处，存贮着壮族的文化含义和历史背景。文章通过分析壮语中的身体部位词汇和动物词汇，反映壮族人早期的认知能力和直观的思维方式。

张丽、黄平文的《壮语词语形象色彩类别分析》（《广西民族师范学院学报》，2011年第4期）认为壮语中的词语具有极高的形象色彩性，可以在感知体验、描绘事物不同视角、产生方式以及词义4个不同方向上基于各种标准进行分类，并简单分析。

张元生的《武鸣壮语的名量词》（《民族语文》，1979年第3期）提到壮语量词展示了与其语音（元音开口度大小）关联的程度特征，这个特征在壮语中体现为中元音的协调性，凸显了其特殊的程度特征。

张元生的《武鸣壮语名量词新探》（《中央民族学院学报》，1993年第4期）指出当我们讨论壮语时，量词就是其中一个关键的词类，其在日常的口头交流中频繁出现，并且具有特殊的分类和复杂的用法。壮语量词的方言和地区性差异也是显而易见的。对于壮语量词的功能和意义，在社会上并没有一个统一的理解，存在较大的分歧。总的来看，存在一些不同的观点和应对策略。而当名量词与名词结合使用时，除了表达量的"一"的意义，也表现出了各种名物的种类。

由此可见，研究者从各个不同角度对壮语的词语进行了多层次、全方位的分析研究。显然，对壮语词汇的深入探讨并不止于此，然而受限于篇幅，我们无法详尽地介绍每项研究成果。现有的壮语词汇研究虽然还显得零散，缺乏对词汇结构系统全方位、精确的洞察，但为壮语总体的研究提供了丰富的语料库和初步的理论框架，使得读者对壮语词类的意义、分类、功能、构造以及特色等方面能有更独到的认识。

第三节　研究意义

（一）为壮语词汇的研究提供语料基础

丰富壮语词汇词义的研究。当前，现有的壮语词典对于壮语词义的解读较为简略，此研究仍有较大的精细化提升空间。期待通过对壮语词汇词义的探索，深度挖掘其壮语词汇在词典中的词义。

（二）审视壮语词汇系统的表现形式

词汇被看作一个开放的、持续发展的系统，并非毫无秩序地随机分散。在任何一种语言中，词汇系统都包含了各种不同形式的子系统。从本体角度来看，存在着同音词、反义词、同义词、上下义位词、对称词等多种形式；从来源角度出发则有专业词汇、方言词、历史词、外来词汇以及新造词等；层出不穷的短语系统也有一定的固定性，例如谚语、成语、熟语等。通过研究，我们发现大多数壮语词汇各司其职、表达精确，一些壮语词条从本体来看较为全面地展现了对称的特性。这有助于我们了解壮语词汇系统的分布形式，同时也显示了壮语词汇的表达方式存在一定的规律性。

（三）深入探究壮语词汇的文化内涵

一个民族的历史与文化的发展能通过语言反映出来，我们通常可以透过语言了解一个民族的生活模式、思维方式以及独特的文化等。本专著通过对壮语词汇词义的分析，旨在对壮族大众的生活方式有一个更确切的理解，以便能对壮族的历史文化、民族风情与传统习俗有更深的了解。

第四节　研究方法

（一）文献研究法

通过阅读广西壮族地区的地方志、族谱、碑文、各单位年鉴、汇总资料，以及观看相关的视频和文档，收集学者们对壮语词汇、词义、词性的研究，在掌握前人研究概述的基础上，为壮语的词汇研究提供语料支持。

（二）描写法

在坚持描写和解释相结合的基础上，明确描述壮语词汇、词义、词性发展的同时，阐述其演变的原因。在坚持共时描写和历时分析相结合的基础上，深入探析壮语词汇的源头，追溯其起源，分析其现代的演变过程。除此之外，我们也要在坚持宏观描写和微观分析相结合的基础上，全面把握壮语词汇整体特点的同时，不忽略对部分壮语词汇特点的深入分析。

（三）归纳法

根据词汇学的理论，对壮语的词汇构成、造词方式和语言特点进行归纳与整理，对语言词汇的特征进行全面审视，在对比中揭示壮语词汇的特点。

（四）定性与定量结合的方法

在研究对象共时状态的基础上，查阅壮语的相关资料，力求对壮语词汇进行深入的描述与分析，从语言接触学的理论解释壮语词汇发展以及演变的规律。在这一过程中，运用了地理语言学、认知语言学、文化语言学、历史比较语言学、人类语言学等学科的理论与方法。

第二章 壮汉语关系词的词义演化比较研究

　　语言要素中语音的演变速度最快,词汇次之。词汇发展的表现形式之一就是词义的变化。词义演变可分为词义的扩大、词义的缩小和词义的转移等途径。几乎每种语言的词汇都具有这样的演变规律,它们的发展历程是相似的。但是具体到每一类词上,不同的词发展的道路又有差异。有民族交往就有语言接触或者语言融合,于是就会产生关系词、借词或同源词。由于受民族心理、地理环境、风俗习惯、表达需要等各种因素的影响,借词或同源词在不同的语言中既有交叉之处又有不同的发展轨迹。

　　词义的演变是个非常复杂的过程。人们利用旧词指称新事物、新认识,使得旧词的词义发生变化;有些词义逐渐从日常生活中消失,最终退出交际领域;还有一些词义转移为原义的反面。壮语的词义演变没有文献可考究,只能用现代口语材料和汉语史料来做对比。本研究用壮语与古汉语关系词进行词义演化比较,虽然不是在同一个历史层面上比较,但从中也能看出两者语义发展的不同痕迹。

　　以下词例为壮语词对应汉语的关系词,按词的本义进行词类划分。

第一节 "名词"词义演化比较

　　(一) $\varepsilon \partial w^2$ ——市

　　市,《说文解字》曰:"买卖所之也。"本义为集中进行物品交易的场所。"市"在何九盈《上古音》中为禅母三等。由此得出,"市"上古音形式大致是ze-或zə-，与壮语的ɕəɯ语音可以对应。壮语：ɕəɯ² 布衣tsɯ⁴ 傣sɯ⁴，而侗：təi仫佬、hɣai，两个语支不同。由于汉族的商业是比较发达的，从语言经济学的角度来看，在当时的情况下壮侗民族没必要再造一套属于本民族的文字，因而直接向汉族借词，时间大概是在中古时期。这个词在中古汉语中词义很丰富，有"市场、卖、交易、收买"等连锁式的义项。《木兰诗》中有"南市买辔头，北市买长鞭"的句子，同时还有另一句诗："愿为市鞍马，从此替爷征。"从这首诗里，我们可以清晰地看到"市"在这个时期的用法开始趋向多样化，从单一词发展为多义词。现代汉语的"市"主要是指市场，也就是商品交易的地方，与古代的"市"不完全等同，但是两个不同年代的"市"还是有很大关联的。"买卖"的含义在汉语中已经消失，但在壮语中依然保存了下来，成为壮语的基本词。

（二）ɕe:n³（杯）——盏

盏，本义是器皿。到中古时期，汉语指的是"浅而小的杯子"的意思。苏轼的《赤壁赋》中的诗句"客喜而笑，洗盏更酌"，其中"盏"指的就是杯子。李清照曾作"三杯两盏淡酒，怎敌他，晚来风急"这几句诗，其中"盏"用作量词。壮语中的"杯子"叫ɕe:n³，侗语叫ten，毛南语叫tsa:n，布依语叫ɕa:n，不论音还是义，都与汉语的"盏"对应。它可能是中古时期的借词，现代汉语的"盏"从宋代起已演变为量词，比如我们经常说"一盏灯"。

（三）ha:n⁵——雁

雁，董同龢构拟为ŋian，壮语为ha:n⁵，侗、水、仫佬语为ŋa:n⁶，黎语为ŋa:n⁵。《说文大字典》中提道："去声音，似鹅，大曰鸿，小曰雁。"壮语中的"鹅"与"雁"都叫作 han，这与上古的"雁"相对应。首先 ŋan 与 han 韵母对应。声母 ŋ 与 h，在壮语内部具有普遍对应的规律。壮语为了便于区分，把"鹅"叫 ha:n⁵，把"雁"叫 ha:n⁵bun¹，壮侗语族语言与古汉语说法一致，能推断出这个词属于上古时期的关系词。而汉语的"雁"从古至今含义不变，语音也只有一些小的差别。汉语中的"鹅"与"雁"区分得很明确，但在壮语中，至今"鹅"与"雁"的语音仍然不分，发音都是一样的。

（四）ho^2——胡

胡，《说文解字》中提道："牛颔垂也。"上古时期"胡"的含义从单指"牛下巴的垂肉"引申到"兽类下巴的垂肉"，《诗经·豳风·狼跋》中就有"狼跋其垂"一句。此外还可用来泛指外国或外族。文言文中用来表示疑问，指的是"为什么"的意思。《广韵》中提道："胡，何也？"《诗经·郑风》曰："云胡不喜？"但是现代词中"胡"的词义已经转移，指的是"乱，无道理"的意思。汉语中"胡"的本义已经消失得无影无踪，它经历了从名词转变为疑问代词再到形容词的复杂变化过程。壮语中指的是"人或动物的脖子、喉咙"，都说 ho^6，水语为 qo^4，傣语为 xo^2，临高语为 ko^2。壮语中的"胡"与上古汉语中的"胡"虽然不能完全对应，但还是存在着密切联系，同属上古时期的关系词。

（五）γok^8、rok^8——雒

雒，《说文大字典》中说道："入声音，鸟名，从隹各声。"《说文解字》也说过："野鸡也。"有部分学者认为这个词与壮语的 γok^8 相对应，这是有一定根据的。"雒"在上古时期为入声韵，属"各"声韵。"各"的上古韵为 ak，"雒"的上古音大致是 lak，与壮语的 γok^8 有一定的对应关系。至于声母，我们可以找到很多壮语 r 与汉语 l 对应的例子。如：亮 $liang^{51}$—$\gamma o:\eta^6$、漏 $l\ni u^{51}$—γo^6、笼 $long^{35}$—$\gamma o\eta^5$、利 li^{51}—γai^6、楝 $li\varepsilon n^{51}$—$\gamma \varepsilon:n^6$ 等等。从这些材料中可以初步推断出，"雒"与壮语的 γok 可能是上古早期的同源词。

（六）tak^8——特

特，董同龢上古音构拟是 $d\ni k$，壮、侗、水语都是 tak^8，泰语念送气音。《诗经》中有"公牛，三岁的兽"等义项。《说文解字》中也提道："特，马父也。"先秦时期，"特"主要是指兽类，雄性动物。可以判断 tak^8 与"特"为上古时期的关系词。"特"这一词义的变化，从春秋时期就初见端倪，《诗经·秦风》中就有"维此奄息，百夫之特"这句诗，这里的"特"已发展为形容词，是"杰出的、特殊的"意思。"特"在现代汉语与这个时期的义项可能存在渊源关系。壮语中的 tak^8 与"特"的

第二章 壮汉语关系词的词义演化比较研究

本义有对应关系，指男性、雄性。壮语中有"动物名称+tak⁸"的结构，指的是雄性动物；把未结婚的男子称为 tak⁸。壮语的"特"在保留了本义的同时，指称对象扩大了。同时受汉语文化强势深层的影响，现代汉语"特"所具有的"特别、特意"的含义，也进入壮语中。不同的是，现代汉语"特"的本义已经消失了。

（七）to:ŋ¹——冢

冢，壮语的 to:ŋ¹ 与"冢"相对应，根据清代学者钱大昕"古无舌上音"的理论，上古的 t 与中古的 tʂ 相对应。冢，《说文解字》中提道："高坟也。""墓"是只埋藏不堆土，与"冢"是有区别的。而堆土隆起的则叫"坟"。《广韵》提道："大也。"《周礼》中曰："冢，天官冢宰。""冢"发展至今保留下来的主要义项是"坟墓"，基本上已退出交际的领域。壮语 to:ŋ¹ 的意思只有"堆"，由此可以推断，这个关系词在壮语中最初可能是指"堆土的坟墓"，后来语义发生变化，由"隆起的坟墓"派生出新的义项"堆"。可能 to:ŋ¹ 原来指"坟墓"，但因为借用了汉语"墓"，与壮语音"mo⁶"语义有冲突，所以"坟墓"的义项渐渐被淘汰。

第二节 "动词"词义演化比较

（一）ɕa:m¹——占

占，上古音构拟为 tjam，在上古时期指的是占卜，用龟甲或蓍草推测出吉凶。《广韵》提道："视兆也。"《楚辞·离骚》曰："命灵氛为余占之。"这些都与"占卜"的本义一致。但从汉语诗词中我们能了解到，"占"在中古时已发生变化。柳宗元《段太尉逸事状》："泾大将焦令谌取人田，自占数十顷。""占"从"占卜"演变为"占有"，词义延续到现代。壮语 ɕa:m¹ 与上古汉语对应。壮族有 ta³ɕa:m 的说法，ta³ɕa:m 是一种迷信活动，指算卦，相当于古代的"占卜"。现代壮语的 ɕa:m¹ 语义已经发展为"问"。壮语为 ɕa:m¹，侗语为 ham⁵，黎语为 ɣa:m⁴，泰语为 t'a:m¹，应该是上古时期的关系词。从原始的找人算命占卜派生出新生变义——"问"。但壮语在表示"占有"的意思时不说 ɕa:m¹，而说 ɕi:m⁵，是中古的汉借词。

（二）hau³——许

许，见母字，董同龢构拟为 hjwo。《说文大字典》中写道："上声虚吕切，应与也，又进也，又信也。"壮语的 hau³ 与之对应。布依语为 hau³，傣语为 hu³，仫佬语为 khɣe¹，水语为 ha:i¹。《广韵》中说道："许，予也。"从一些历史文献中就能找到表示"答应、给予"的含义。《勾践灭吴》中提道："勾践既许之，乃致其众面誓之。"司马迁《廉颇蔺相如列传》中有"秦强而赵弱，不可不许。""许"在历史上还有："期望、地方、表示约数"等义项。现代壮语的 hawj 有"给、允许"两种意思，这大概是上古时期的关系词。汉语"许"经历了多种词义的变化，有些词义在变化中逐步被淘汰，在现代汉语中主要是"允许"的意思。

（三）mi:ŋ¹——盟

盟，《说文解字》中有"结信也，周礼国有疑则盟，从明从皿"，后来发展为盟约、结盟。词义与上古时期有一定的联系，但慢慢地发展了，盟约或结盟要遵守共同的约定，词义偏向于联结。壮语有 mi:ŋ¹ 的说法，指的是"发毒誓"，如果被人冤枉了，为了证明自己的清白，会说 mi:ŋ¹，意思是"发毒誓""赌咒"。壮语里的韵 i:ŋ 与 ə:ŋ 可以交替使用。如"春节"有 ɕi:ŋ 也有 ɕə:ŋ、"敏捷"有 rə:ŋ 也有 ri:ŋ、"水沟"有 mə:ŋ 也有 mi:ŋ¹、"伞"有 li:ŋ 也有 lə:ŋ 两种形式。标准壮语里 e:ŋ 归入 i:ŋ，所以壮语的 mi:ŋ¹ 与汉语的 mə:ŋ 是可以相对应的。这些与古代的"有疑而盟"有着深厚的关系。

（四）mok⁷——幕

幕，《说文解字》中有："帷在上曰幕，覆食案亦曰幕，从巾莫声。"《说文大字典》中也提道："入声莫。""幕"的本义是动词，表"覆盖"的意思。根据周祖庠在《新著汉语语音史》中的推断，"幕"在上古音属于铎部 ak。《古汉语词典》的解释为："《周易·井》：井收，勿覆。""幕"在中古时期词类转变为名词，语义也发生转移，表示"幕帘、帷幕"的意思。沈括在《梦溪笔谈·石油》中曰："但烟甚浓，所沾幄幕皆黑。"现代汉语中的"幕"只保留名词形式，表示动词的含义已经由其他词来承担。壮语 mok⁸ 保留了"幕"最初音和义的形式，而且壮、傣、侗、泰语的语音、语义完全相同，可推断为上古时期的关系词。

（五）pat⁷——拂

拂，《说文大字典》曰："入声音。拂，拭也，除也。"董同龢构拟为 pat。壮语中的 pat⁷ 与"拂"相对应，指的是"扫、轻拍"的意思。"扫地"的意思，壮语为 pat⁷ɣaːn²。还有与"拂"对应的另一语音形式"fat"，有"用力抽打"的意思。轻唇音"f"直至中古时期才产生。pat⁷ 应该是上古时期的关系词，而 fat 声母为轻唇音，应该是中古时期才发展起来的。"拂"在汉语中从古至今都有"轻轻擦过"的意思，但这个词已经不是现代日常生活用语，而是被"扫、擦"替换了。在现代壮语中，其依然有"轻轻擦过"的意思，在保留了原始义的同时又有新的引申义。

（六）tuɯk⁸——着

着，王力在《古代汉语》中说："旧读入声。""着"在汉语史发展过程中经历了从实词到虚词的演变过程。"着"在上古时期是实义动词。南北朝《木兰诗》曰："脱我战时袍，着我旧时裳"这句中的"着"表示"穿着"的意思。唐宋时有"附着、添加、用、遭受"等意义，到了清代则有"放置"的含义。根据诗词的记载，"着"在唐代已经开始虚化，用于动词词尾，没有实义，例如白居易《恻恻吟》"六年不死却归来，道着姓名人不识"。《庐山草堂记》"仰观山、俯听泉……应接不暇"中不用助词"着"，动词直接用作状语。中古时期，两种方式并用。壮语的 tuɯk⁸ 与 tʂuo³⁵ 对应。这个词壮汉语是平行发展的，壮语的 tuɯk⁸ 有具体含义，如：tuɯk⁸ ti¹ kju¹ ɣoŋ² tau³（添加一些盐进来）；tuɯk⁸ θaɯ¹ jou⁵ tuɯk⁸ kɯn² tuɯk⁷ taːi²（把书放置桌上）。同时壮语的 tuɯk⁸ 也出现虚化现象，如：naŋ⁶ dei¹ tuɯk⁸（坐好），tuɯk⁸ 附在动词 nak⁸（坐）之后，没有实义。又如：别躺着看书，kai³ nin² tuɯk⁸ jaɯ³ θaɯ¹，也可以说 kai³ nin² jəɯ³ θəɯ，后面一句不用助词连接，这与古汉语的动词直接用作状语的用法一样。现代汉语动词直接用作状语不符合语法规范。

第三节 "形容词"词义演化比较

（一）in——隐

隐，这个字有两种含义，一种是藏匿、隐蔽的意思，另一种是短墙的意思。从隐蔽又引申为抽象的隐秘，《广韵》中说道："藏也，痛也，私也，定也，又微也。"这些解释说明了"隐"的含义在汉语史中的发展是极为活跃的。春秋时"隐"被假借为"上'殷'下'心'字"，指"哀痛、伤痛"的意思。《诗经·邶风》中提道："如有隐忧。"壮语中的in（痛）与"隐"的音及假借为"痛"的含义对应。"隐"的词义经历了很多变化，有"隐瞒、隐蔽、隐藏、精妙、贫困"等多种含义。而"伤痛"的意思已被埋没在汉语的历史中。壮语只与"隐"的音及"伤痛"这个义项有关系。

（二）kwa:i——乖

乖，《广韵》中提道："瞪也，离也，戾也，背也。"可见，上古时期"乖"是"违背、不协调"的意思，《荀子·天论》中有："父子相疑，上下乖离。"到了宋代，"乖"的语义发生了一些变化。苏轼《送郑户曹》诗中"楼成人已去，人事固多乖"的"乖"有"不顺利、不如意"的意思。而现代汉语中"乖"的意思与古汉语的截然不同。词义大概在近古时期慢慢往相反的方向发展，逐渐演变为"小孩听话、懂事，或形容人机灵"的意思。壮语的含义与现代汉语相同，指的是"小孩懂事"的意思，以此来形容人的机灵。此外"乖"还有贬义，用来形容人的狡猾、奸诈，这应该是比较晚才借入的。

（三）du:n（圆）——团

团，上古音构拟为don，《说文解字》中指："圆也。"壮语"圆"为du:n，傣语为mon^2，侗语为ton^2，水语为qon^2，毛南语为don^2，语音与汉语的"团"相对应，汉语的"团"到中古、近代时期都保留了"圆"的含义，清代则把汤圆说成"汤团"。但是"团"在中古时期，就由"圆"引申为"会合、集合、团圆"，《广韵》中提道："团，团圆，度官切。"林嗣环《口技》："会宾团坐。"这个义项沿用至今，对应于现代的双音节词"团圆"。壮语的duːn基本义是"圆"，引申义为"完满"。古代汉语"团"与"圆"同义，现代的"团"主要用于动词，表"聚合"。从壮语及同族中其他语言关于"圆"的音义可以推出，这个词应该是上古时期的关系词。

壮语的一些词还保留了古汉语的语音和语义，汉语一些词已消失或只存留于古文献中，在壮语一些口语材料中残存。比较后我们不难发现汉语的语音、词汇的发展速度远远超过了壮语，一些词在不断地发展，最终脱离原始义；一些词经过漫长的发展历程，虽然词义变化多端，但是至今还与原始义密切相连；还有一些词经过一波三折的变化后又回到本义。

汉壮语的接触关系有2000多年的历史，两者的关系词不可胜数，以上例词也只是冰山一角，还有一些很常见的关系词，例如kəu（我）与"孤"、kwaːn（丈夫）与君、tam²（池塘）与"潭"、ham²（苦）与"咸"等，都有相对应的关系，由于篇幅有限，在文中无法一一分析。汉语词义发展步伐比较快，要找出两者的关系词，很多时候要借助一些古汉语。而所举例词的词义只是以有限的材料粗浅地分析，并不能很准确、客观、全面地反映这些词的演变。这样对比的目的是分析这些关系词词义存在的差异性，从语义对应上大致推断它们发生关系的时期，从壮语中判断汉语的古音面貌。汉语经历了几千年的文明历史，绝大部分词从古至今的演化是纷繁复杂的，不可能三言两语就把每个词的词义演变历程解释清楚。对于壮汉语的关系词词义发展比较，需要掌握更多有效的材料，这样才能更深入地探索深厚的古汉语知识，找出两者之间更多的关系词，从而进一步论证它们的亲属关系。

第三章　壮语"体"范畴的词义研究

"体"（aspect）是人类语言中的一种重要的语法范畴。从语言类型学的角度看，"体"范畴指的是描绘动作或行为进行情况的语法体系，它反映出事件在时间线上的各个发展阶段（包括各种进程和状态），也展示了以动词为中心的事件的讲话者的观察视角。"体"范畴研究近二三十年来，深受国内外学者的广泛关注。尽管现阶段的研究成果实现了一定的进步，但对于"体"范畴的界定，学术界仍然存在很大的模糊性。在我国对不同语言"体"范畴的研究中，有关普通话和汉语方言的相关资料丰富，少数民族语言的相关资料则比较缺乏，尤其是对壮语"体"范畴的研究更是鲜有人涉猎。笔者基于前人的研究，对壮语"体"范畴做了深入的研究，旨在展现出壮语"体"范畴的显著特征。

第一节　壮语"完整体"范畴

总的来说，完整体就是从外在角度去审视一种情境或者情形，将其视为一个单独的整体，而不考虑其内部的组成部分，也就是说，不会将其分解为如"开始、进行、结束"这些明确的步骤，而是直接展现出这个情境或者情形的整体性。

（一）现实完整体

1. "sat"（完）

Gou gwn haeux sat lo
我　吃　饭　完了

我吃完饭了。

De ngoenz lwenz gaenq ndaem sat haeux yangz lo
她　天　昨　已　种　完　玉　米　了
她昨天已经种完了玉米。

2."ndaej"（得）

"ndaej"（得）这个词汇在壮语里有着实际动作和物品的含义，代表着"获取、拿到或获得某样事物"的意思。尽管它是一个表示实际动作的词汇，但现在在壮语里面是常用的。"ndaej"（得）作为现实完整体，表现出现实性、完整性、情态性三个方面的特性。

（1）"ndaej"（得）作为壮语中的一项基本词汇，其原始含义为实际的动作型动词，有获取或收获某物的意思。

a. Ngoenz neix guh hong ndaej song bak maenz lo
　今　天　做　工　得　两　百　块　了
今天做工得了两百块了。

b. Dax goeng bi neix ndaej bet cib bi lo
　爷　爷　年　今　得　八　十　岁　了
爷爷今年得八十岁了。

c. Ndaw ranz mbouj miz vunz fwn doek, gou ndaej dauq bae sou haeux
　里　家　没　有　人　雨　下　我　得　回　去　收　稻谷
家里没人，在下雨，我得回去收稻谷。

d. Ndaw ranz mbouj miz haeux gou ndaej bae haw cawx di dauq
　里　家　没　有　米　我　得　去　街　买　些　来
家里没有米，我得去街上买些回来。

观察上述例子，我们发现当"Vtndaej+O"这种句法结构出现时，其中的 ndaej 具有实际动作"获取"的语义特性。然而，如果这个 ndaej 出现在其他实际行动前，例如"ndaej+V（vi 或 vt）"这样的句型里，那么它的语义属性就转变为了表示可能性和能力的情态动词"可行""能够"的意思，比如：ndaej dauq bae sou haeux（得回去收稻谷）、ndaej bae haw cawx di dauq（得去街上买些米回来）。

（2）现实完整体 ndaej 的现实性

现实性是指在对某个时间节点进行参考后，句子所描绘的事件成为一个确实发生过的现实事件。根据发言时间 S（saying time）、参照事件时间 R（reference time）与事件发生时间 E（event time）及它们三者之间的相互联系，实际性可以被划分为现在现实、过去现实和未来现实。如果三个时间一致，那么它表现为现在现实性。当从过去某一特定参照时间（发言时间是现在）来看，句子所传达的事件已经成为现实，那么它表现为过去现实性，即 R 和 E 为过去，但它们不一定重合，S 为现在。当从当前发言时间来看是未来的事件，对于某一参照事件来说，已经成为一个现实的事实，那么它呈现为未来现实性。在壮语中，ndaej 作为完整体标记时，全部拥有这三种不同的现实性。

a. Daeg lwg cam dax boh ngoenz lwenz cawx ndaej gij maz va
　　儿　子　问　爸爸　昨　天　买　　得　什么　花
儿子问爸爸昨天买得什么花。

b. Haemh lwenz laux sae bang gou son coz yez sat cij ndaej ma ranz
　　晚　　昨　　老师　帮　我　教　作业　完　才　得　回　家
昨晚老师帮我辅导完作业后才得回家。

以上两句说话的时间都是现在时间，第一句参照时间是现在，而第二句对于现在参照时间、现在说话时间来说，是表示过去完整的时间。

Ndaej 的现实性有一定的制约，通常无法与未来具体行为一起使用。然而，若用来表述未来的某种状况，这样的局限并不适用。

a. Haemh lwenz gou ndaej gwn song vanj mienh
　　晚　　昨　我　得　吃　两　碗　面
昨晚我得吃两碗面。

*b. Ngoenz cog gou ndaej gwn song vanj mienh
　　天　明　我　得　吃　两　碗　面
明天我得吃两碗面。

以上两个例子都是表示具体动作的句子。"昨晚"这个词语代表了过去的某个特定且完整的行动已经结束，这是第一个例子中的时间点。然而，第二个例子中使用"明天"作为事件的关键词并不合理，因为对于说话人而言，这是一个尚未发生、具体的未来的动作，无法以已完成为其描述。

（3）现实完整体 ndaej（得）的完整性

Ndaej 所做的选择是基于对事件的外部观察，并在句子层面上进行。

在壮语中，存在大量的完整性标记，其作用通常具有交错和重复性质，许多完整性标记可以互相转化。一般来说，ndaej（得）不可以和表示完成体意义标记的 dawz（着）共现。由于 ndaej 表示的是完整体，而 dawz 代表的是未完整体，它们的语义是不能够相互兼容的。对同一件事情的观察者不可能在着眼事情的外在情况的同时，还能够着眼事情的内在情况而进行观察。

a. Raeuz hwnj dangz ndaej liux
　　我们　上完　课　　得　了
我们上完课了。

*b. Raeuz hwnj dangz ndaej dawz
　　 我们　上　　课　完　　着
我们上完课着。

例 b 的表述与语言实际情况不相符，这进一步证明了在同一环境、事件和时间内，完整体与未完整体是无法共存的。

（4）现实完整体 ndaej（得）的情态性

壮语中"ndaej"（得）带有"好的""满意"情态或评价语气，表示对于事件参与者来说是好的、满意的行为过程。但是，"ndaej"所处的不同句法结构多少会影响这种情态的大小。一般情况下，动词前面的"ndaej"的情态比动词后面的大一些，这与动词后面的"ndaej"表示完整体是有关的，动词前的"ndaej"也能代表完整体，动词后的"ndaej"也能表示情态体。

a. Bi gvaq　daeg　go ndaej gauj goeng vu yenz lo
　 年　去（男性）哥　得　考　公　务　员　了
去年哥哥得考公务员了。

b. Bi gvaq　daeg　go gauj ndaej goeng vu yenz lo
　 年　去（男性）哥　考　得　　公　务　员　了
去年哥哥考得公务员了。

c. Bi gvaq daeg　go gauj ndaej hwnj goeng vu yenz lo
　 年 去（男性）哥 考　得　　上　公　务　员　了
去年哥哥考得上公务员了。

d. Daeg　go　bi gvaq gauj ndaej hwnj goeng vu yenz lo hoeng mij bae
　（男性）哥 年 去　考　得　　上　公　务　员　了 但　没 去

哥哥去年考得上公务员了但没去。

e. Daeg go ndaej gauj roek bi goeng vu yenz cungj mij gauj hwnj
（男性）哥 得 考 六 年 公 务 员 都 没 考 上
哥哥考了六年的公务员都没考上。

f. Duh nuengx hwnj caeux sauz na lo ndaej bae hag dangz
（女性）妹 起 早 洗 脸 了 得 去 学 校
妹妹早起洗脸了就得去学校。

g. Duh nuengx rox ndeq hauj lai saw lo
（女性）妹 懂 得 很 多 字 了
妹妹认得很多字了。

对比上例中的每一句话，会发现"ndaej"在情感态度上的改变。"ndaej"出现在动词"gauj"之前，这是其典型地表达出正面和满足感的语气，而非完整的含义。而在 b、c、d 句中，"ndaej"位于动词"gauj"（考）之后，不仅具有情感性质，还具备整个词汇的含义，然而每个句子的焦点各有差异，因此，"ndaej"原本的情感特性逐渐减弱或变得中性化了。随着"ndaej"不断地语言化，在 f 连动句里已经不再带有任何关于积极性和满意度的情绪特征，仅保持着代表"已完成"这一含义的完整性。g 例相对特殊，虽然"ndaej"位于由 rox（懂）和 lai（多）两个静态动词构成的述谓结构之前，但它的情态和完整性都是一样的，因此，这就表明"ndaej"存在复杂性与特殊性的用法。

3. "baenz"（成）

（1）现实完成体"baenz"（成）的现实性

"Baenz"（成）完成体的现实性特征是，它是相对于某个参考时间而言发生的，不管参考时间是过去、现在还是将来。作为一个完整体的现实性，它又可分为现在现实、过去现实和将来现实。

a. Aen gvih buh haenx ngoenz lwenz ngamq guh baenz
个 柜 衣 那 天 昨 刚 做 成
那个衣柜昨天刚做成。

b. Mwngz ngoenz cog baenz aeu cienz bae boiz de lo
你 天 明 成 拿 钱 去 还 他 了
你明天应该拿钱去还他了。

c. Ranz gou ciengx haj duz mou baenz gai lo
　　家　我　养　五 头 猪　成　卖 了
我家养的五头猪该卖了。

d. Cig daengz seiz neix de baenz mingz beg gij loneng loekbonj faenh
　　直　到　现 在 他　才　明　白 自 己　　错　　误
直到现在他才明白自己的错误。

可见，"baenz"（成）的现实性对于"baenz"（成）的整体现实性具有参考时间，代表"现在的现实""昨天的现实""明天的现实"。所以，当没有明确的时间词语时，说话时间就是参照时间，这就是隐性现实。

（2）现实完整体"baenz"（成）的完整性

观察者通过对事件的外部观察获得其结果，这就构成了现实完整体"Baenz"（成功）的完整性。然而，却没有关注到事件的内部时间结构与其过程，与非完成体的非完整性相比，这是不完整的。因此，"baenz"（成）的这一特性和其他完整体标记的性质是一致的。

a. Mwngz hag baenz le ma son gou
　　你　学　成　了 来 教 我
你学成了回来教我。

b. Ranz moq gou guh baenz lo
　　家　新 我　建　成　了
我家新房建成了。

c. Song daeg lwg boh'au cungj baenz gya lo
　　两 个 儿子 叔 叔　都　成　家 了
叔叔的两个儿子都成家了。

以上例子中，"hag"（学）、"guh"（建）、"baenz"（成）的完成体属于典型范畴，紧随其后的是"baenz"（成），表明说话人（认为）完成了活动动词，完成了完整的一件事。"baenz"在语言层面上的句法地位以及语言观察者的总体视角决定了"baenz"所表达的完整性，从而使我们对事物有一个总体的把握和理解。

（3）现实完整体"baenz"（成）的结果性

现实完整体"baenz"（成）似乎强调完整性，但也存在结果问题。这是由于"baenz"（成）的本义与其在现实中所属的语义场有着密切的联系。也就是说，"成"就是"成"或"成果"的意思，与壮语"lo"

（了）的语义相似。

  a. Haeux cug le baenz sou lo
   稻谷 熟了 成 收 了
  稻谷熟了，该收了。

  b. Ngoenz lwenz dak ndit daiq nanz lo, ngoenz neix baenz bingh lo
   天 昨 晒太阳 太 久 了 天 今 成 病 了
  昨天晒太阳太久了，今天生病了。

  c. Haeux cawj baenz lo mwngz vaiq ma gwn haeux ba
   饭 做 成 了 你 快 来 吃 饭 吧
  饭做成了，你快回来吃饭吧。

  "现实完整体"指的是一种情况，即我们只对事物的表面现象进行观察，并未深入研究其内在的时间结构和过程。通常情况下，这个概念是通过使用动作动词或状态动词来体现出"baenz"（成）这一现实中完整的特性的。

  （4）现实完整体"baenz"（整）的方式性

  现实完整体"baenz"（整）既有结果性，又有表征性，其形式性特征主要表现为"主语＋不及物动词＋现实完整体baenz（整）＋类别词"的形式。其中，按照某种方式实施的动作的完整体就是"baenz（整）＋类别词"，所以被称为方式完整体。

  a. De baenz vanj baenz vanj gwn laeuj
   他 整 碗 整 碗 喝 酒
  他整碗整碗地喝酒。

  b. De bingh baenz ngoenz baenz ngoenz cungj ninz dwk
   她 病 整 天 整 天 总 躺 着
  她病了，整天整天地躺着。

  c. Dax boh baenz ci baenz ci ndeu daweh fwnz yinh ma ranz
   父 亲 整 车 整 车 地 把 木柴 运 回 家
  父亲整车整车地把木柴运回家。

  在上面的例子中，"baenz（整）＋名词"重叠表示强调的意思，"baenz"（整）突出了这种方法的完整性。因为方式性是完整体"baenz"（整）的主要代表，所以动词是否及物以及方式是否设置在前后并不影响其句子意义的表达。"baenz"的方式是非常独特的，这是其他完整体标记所不具备的。

（5）现实完整体"baenz"（成）的情态性

现实完整体"baenz"（成）有主观愿望和期待的特征，即"应该""希望"，很多时候两者可以互换，情态性是没有变化的。

a. 9 diemj lo, baenz hwnj daeuj bae ndaem naz lo.
　九　点　了　成　起　来　去　种　田　了
九点了，该起来去种田了。

b. Mbwn laep lo, baenz bae ranz lo
　天　黑　了　成　回　家　了
天黑了，应该回家了。

c. Nienz geij mbouj iq lo, mwngz baenz aeu yah lo
　年　纪　不小了　你　成　娶　妻　了
年纪不小了，你该娶妻了。

可见，以上例子中完整体"baenz"（成）都有表示事件的活动体（施事者）为了完成某件事，主观上有"应该""希望"之意。

4. 现实完整体"bae"（去）

（1）现实完整体"bae"（去）的现实性

现实完整体"bae"（去）的现实性是指"bae"（去）所指向的事件相对于某一参考时间的实现过程或状态。这种现实也分为过去、现在和未来的现实，这取决于事件发生的时间。如果在上下文中没有明确的时间进行说明，那么一般将参考时间称为当前说话的时间。

a. Ngoenz neix gai bae liux cib duz gaeq
　天　今　卖　去　了　十　只　鸡
今天卖去了十只鸡。

b. Ngoenz lwenz gou caeuq de bae hag dangz hwnj dangz lo
　天　昨　我　和　她　去　学　校　上　课　了
昨天我和她去学校上课了。

c. Ngoenz cog raeuz caez bae ranz yawj daxbuz
　天　明　我们　同　去　家　看　奶奶
明天我们一起回老家看奶奶。

（2）现实完整体"bae"（去）的完整性

"bae"（去）这个现实完整体是由语言观察者对事物的全局观察得出的结果，并未涉及或解释事物内部的具体状况与进程。作为一个完整的"bae"（去）现实体，它能被用于描绘事件中各个部分的变化情况，也能用以阐述活动中个别成员的部分变化。

a. Vaiq daeuj, daih gya cungj bae lo, couh caj mwngz la
   快　来　大家　都　去　了　就　等　你　了
   快来，大家都去了，就等你了。

b. Daih gya cungj gaej gangj vah lo, ceng dai vunz bae
   大　家　都　不要　讲　话　了　吵　死　人　去
   大家都不要讲话了，吵死人去。

c. Boux boux doq gik yaek bae siengj, gik bae guh
   个　个　都　懒　得　去　想　懒　去　做
   个个都懒得去想，懒得去做。

（3）现实完整体"bae"（去）的动态性

相对于静态性而言，动态性主要体现在其对事件构成的异质性特征或行为的反映上，体现在其对不存在且只是一个连续时期的某个变化点的指示上。在使用静态动词作为谓语的句子中，我们能够更深入地理解这种现实的本质。

a. Cienz yungh bae iux
   钱　用　去（完）了
   钱用（去）完了。

b. Ngoenz neix gai bae le 10 duz bit
   天　今　卖　去　了 10 只　鸭
   今天卖去了 10 只鸭。

c. Haemh lwenz de gwn bae le 10 bingz laeuj
   晚　昨　他　喝　去　了 10 瓶　酒
   昨晚他喝去了 10 瓶酒。

由此可见，上述例句中的"yungh"（用）、"gai"（卖）、"gwn"（喝）都是减损或者消耗动词，后跟"bae"（去）表示动态完整体。反之，动态完整体"bae"（去）与有、富、获得等不能共存，会造成语义矛盾。

5. 现实完成体"liux"（完）

（1）现实完成体"liux"（完）的现实性

现实性是指在某个特定的参考时间内发生的实际事件，而这个实质性的东西则被定义为"实在"。汉语的时间表述方式采用的是"关系时态"。这种时态并不依赖于说出的时刻（或者现在的时刻）作为唯一的标志，而是通过描述动作的发生和与特定参考时间的相对位置来确定其顺序关系。词语、短语或是句子都可以用来指代某一具体的时间点。一般来说，如无特别说明，那么这一参考时间就是"现在"。

a. Buh ngoenz lwenz bau saeg liux lo
 衣服 天 昨 泡 洗 完 了
昨天泡的衣服洗完了。

b. Geu buh ngoenz lwenz ban ringz yaek saeg liux
 件 衣服 天 昨 中 午 要 洗 完
昨天泡的衣服中午要洗完。

c. Buh ngoenz lwenz ngamq saeg liux
 衣服 天 昨 刚 洗 完
昨天泡的衣服刚洗完。

这些例子中，由于使用了时间状语作为参考的时间点，我们可以将其视为过去的现实、未来的现实和当前的现实，这是一种"关系时制"。

（2）现实完整体"liux"（完）的完整性

完整性是一个句子的整体特征，这是通过对事件结构的外部观测得出的结论。一般而言，事件包括起始、持续和终止等方面，明确地指出了句子描述的是完整的、不可分割的事件。一般来说，事件是由初始阶段、过程环节和最终结果三部分组合而成。这种方式表明，在句子中呈现出来的事件是统一且无法分解的。

a. Ngaenz yungh liux lo
 钱 花 完 了
钱花完了。

b. Daeng cungj ndaep liux lo
 灯 都 熄灭 完 了

灯都熄完了。

  c. Aen giuz heiq bauq caq liux
    个　气　球　爆　炸　完

一个气球爆炸了。

  在上面的例子中，动词"yungh"（花）、"ndaep"（熄）、"caq"（炸）都表示一个瞬间完整的事件，没有一个连续的过程介于两者之间。开头和结尾重叠，而"liux"（完）强调事件的整体不可分割性。

  （3）现实完整体"liux"（完）的动态性

  "liux"（完）的动态性主要是指事件中的过程或状态的全部变化。

  a. Gou yawj raenz liux
    我　看　见　完

我看见了。

  b. Gou gangj sat liux daengz mwngz gangj lo
    我　讲　完　了　到　你　讲（语气词）

我讲完了，到你讲了。

  c. Ngoenz lweenz dax boh yungh cienz sat liux
    天　昨（男性）爸　用　钱　完　了

昨天爸爸用完钱了。

  上述例句的主语在一定的过程或状态中经历了各种变化，表现为一次性动词"yawj"（看）、"gangj"（讲完）、"yungh"（用完）和结果状态动词。一般来说，真正的完成体"liux"（完）常与活动动词连用，结果动词和表示状态变化的状态动词连用。在客观现实中，事件的完整过程或状态需要一个内部端点。"liux"（完）这个壮语词语代表着事物发展进程或者状况的彻底转变与完成，因为它的动态特性，它对事物的内在或外在观点在数量及构造方面产生了影响并加以约束。这种影响约束可分为显性与隐性两种类型。

（二）经历完整体

1."gvaq"（过）

  在壮语中，"过"作为一种经历或经验体标记可以分为有界与无界。此外，壮语中的"gvaq"（过）还可以与某些状态或场景、消耗动词、过去参考时间、重复条件等进行比较。另外，详细研究"gvaq"（讫）在复合体标记与连动句型中的地位，有利于深层次地理解"gvaq"（过）的本质。

（1）经历完整体"gvaq"（过）的动态性

经历完整体"gvaq"（过）的动态性主要是过去事件中相对于参考时间发生的过程或状态变化。经历体形态"gvaq"（过）经验形式在句子中表达的事件具有与现在实体形态相同的动态属性。由于事件在历史上已经发生和结束，因此自然而然地产生了变化。"gvaq"（过）的动态性是一个持续时间的变化。

a. De bae gvaq Sang haij
　他　去　过　上　海
他去过上海。

b. De dang gvaq laux sae
　她　当　过　老师
她当过老师。

c. Gou yawj gvaq den yingj
　我　看　过　电　影
我看过电影。

作为壮语的一个经历完整体，"gvaq"（过）具有相对灵活的句法地位，可以置于动词或动宾结构之后，或者述补结构之后，动态性保持不变。所以上述三个例子也可以用以下方式表示。

a. De bae Sang haij gvaq
　他　去　上　海　过
他去上海过。

b. De dang laux sae gvaq
　她　当　老　师　过
她当老师过。

c. Gou yawj den yingj gvaq
　我　看　电　影　过
我看电影过。

在现代汉语中，很少有人把"过"作为句尾的主体标记，但在壮语中，句中和句尾的词序是共存的。

（2）经历完整体"gvaq"（过）的完整性

从事物的外部观察来看，"gvaq"（过）现实的完整性，代表了一个不可分解的完整事件。不同之处在于，经历完整体"gvaq"（过）是非现实的，是一个历时性的整体。例如：

a. De dang gvaq nungz minz hix guh gvaq gungh yinz, seiz neix bae dang
　他 当　过　农　民　也 做　过　工　人　现 在　去　当
laux sae lo
老　师　了
他当过农民也做过工人，现在去当老师了。

b. De hai diemq miz goem, gvaq caemh miz canh gvaq
　她 开　店　有　亏　过　也　有　赚　过
她开过店，有亏过也有赚过。

当过农民也做过工人、有亏过也有赚过都是完整的事件，从表面看，这是一个不可分解的过去时态事件。在壮语里，我们可以用"gax gonq"（以前）、"gaenq"（已经）、"gaenq caeux"（早已经）等词汇来描绘谓语动词前的过去时间名词和副词，这样可以配合完整的经历使用，比如：

a. De bae gvaq Sang haij
　她 去　过　上　海
她去过上海。

b. De bae gvaq Sang haij baez ndeu
　她 去　过　上　海　次　一
她去过上海一次。

c. De bae Sang haij lai baez
　她 去　上　海　多 次
她去上海好多次。

在上面的例子中，可以看出句子 a 可以包含 b、c，句子 a 一定包含句子 b，但句子 a 能够包含句子 c。有些动词本身可以重复很多次，但是它们不能在特定句子中重复。

a. De guh gvaq swh gih rox hai ci
　他 做　过　司　机　会 开 车
他当过司机会开车。

b. Guh lwg sau coz cungj maij daj cang
　做　姑　娘　总　都　喜欢　打扮
作为年轻姑娘都喜欢打扮。

作为动词，"guh"（做）可以反映重复的动作，例如例 a 中的事项"guh gvaq swh gih"（做过司机）与例 b 中的事项"guh lwg sau"（做姑娘），这些动作不能重复。

（3）经历完整体"gvaq"（过）的经历性

经历性也可称作曾然性，是经历体主要的语义特点。这个句子描述的是一种与参照时间相独立且先于其发生的动作或情况。因此，这是一个实际经历过的事情。在现代汉语里，"过"字用于标记事情已经发生了，即曾经发生过的意思。而关于经历性，指的就是那些在基础时间点前完成或者包含的基础时间点的所有事件都是真实的，它们通常会使用"了"作为标记来表明是在基础时间点之前的某个时刻开始并且结束的，这些被称为历时性的东西，可以被标注成"gvaq"（过）。至于经历性的基础时间点则常常等同于说话时的那个时间点。

在壮语中，如果经过了全局参照时间的考量，那么我们可以将过去的参照时间划分为远期和近期两类。当谓语动词描述的是不连续的事件或状态时，我们可以在句子里使用远近过去参考时间。谓语动词指连续事件或情态时，句中只能使用过去参照时间。

a. De bi gvaq diuqvuj gvaq
　她　年　去　跳舞　过
她去年跳过舞。

b. De haemh lwenz diuqvuj gvaq
　她　晚　昨　跳舞　过
她昨晚跳过舞。

c. De haux seng seiz saundei gvaq
　她　年　轻　时　漂亮　过
她年轻时漂亮过。

*d. De ngoenz lwenz biz gvaq
　他　晚　昨　肥　过
他昨晚肥过。

b 句子中的"gwn gvaq"（吃过）表明非持续性的经验性，对历史参考时间的需求较低，然而在 c、d 两句中的 biz gvaq（肥过）表明持续性的经验性，实际上需要保证足够的时间长度，不可离现在讲话的时间过近，否则就不可能持续这么久。"biz gvaq（肥过）"揭示了一种连续性，显示出"他"在过去较长的时间段中存在某种长期状态，起码一个月或者一年，不是昨晚一个晚上就能够完成得了的。

（三）短时完成体：用动词重叠 VV 表示

短时体也是完整体的一种类型，这表明这个句子表示的事情是一个全面且短暂的动态事件，这在汉语中通过动词的重复形式展现出来。而与实际的"了"和经验的"过"有所区别的是，短时态更加强调事件的时量因素，并且在预示未来事件的句子中频繁使用。

1. 短时完整体 VV（动词重叠）的短时性

短时性是短时体中最显著的特征。"短时"本身是一个理念，没有具体的时间长短的标志性，与可度量的实际时间没有直接的联系。实际上，这个短时是源于语言使用者对时间感觉的理解。只要语言使用者感觉某个事件所占用的时间较短，就能够用短时体进行有效的叙述。在壮语中，短时体的短时性除了可以通过 VV 动词的形式进行标记，也能够通过在动词后面添加具体的时间词汇，如"diemj ndeu"（一次）、"diemj di"（一点）、"diemj ndeu"（一下）、"diemj gangj"（一阵）或者在动词前面加 loq（稍微）的形式来强调。diemj 作为类别词或者词头，可以表示少量的不定概数，为了强调确切词气，还可以在后面添加后缀。

a. Roengz fwn roen raeuz lai raeuz di yamq di yamq byaij dauqbae
  下　雨　路　滑　多　我们　一　步　一　步　走　回去
下雨路太滑我们一步一步走回去。

b. Moix baez ok dou meh meh coung loh coh loh coh yaepciuq
  每　次　出　门　妈　妈　都　啰　嗦　啰　嗦　一阵
每次出门妈妈总是啰啰嗦嗦一阵。

壮语的短时体表达不应只在动词层面，而应延伸至句子维度。诸多汉藏语言在表达短时语义时，除了利用时间副词等词汇形式，也能通过词语的重复实现，这是语言的通性所致。壮语中很多动词的重复都能和描绘短时或少量的词语一起使用。

2. 短时完整体 VV（动词重叠）的完整性

对事件的有序安排也揭示了事件流程中的事件选择视角基于内在考量。这是因为动词的多次使用在强调事件的瞬时特性，也就是事件的短暂过程。但是，重复使用动词并未重视表明事件的连续性，反而有意强调了事件的非连续性。

a. De gangj gangj couh riu hwnj daeuj
　他　讲　讲　就　笑　起　来
他讲讲就笑了起来。

b. De gangj dawz gangj dawz couh riu hwnj daeuj
　他　讲　着　讲　着　就　笑　起　来
他讲着讲着就笑了起来。

c. De baenz ngoenz gwn gwn ndoet ndoet
　他　整　天　吃　吃　喝　喝
他整天吃吃喝喝。

d. De doq gwn dawz doq ndoet dawz gangj goj
　他　边　吃　着　边　喝　着　聊　天
他边吃边喝聊着天。

以上句子中两个活动类动词"gangj"（讲）、"gwn ndoet"（吃喝）以两种不同类型的叠加方式呈现出不同的特性，VV 展现出一个完全的状态，就如同 a、c 句子所描绘的那样，短暂但是完整。而 b、d 句子中"V+dawz+V+dawz"显示的则是一个无法完成的状态，就如同 b、d 句子所说明的，活动在持续发展，持续时间可以是长一点或者短一些。"dawz"则被认为是壮语的持续体标志之一。

3. 短时完整体 VV（动词重叠）的动态性

显然，动词重叠具有动态性的特征，动词重叠做谓语的句子拥有异质的时间结构，通过一定的变化显示出所要表示的事情。壮语中 VV 式的动词做谓语重叠时的动态变化包括过程动态改变、量改变以及程度改变。

a. De yiengq gou vad vad fwngz, riu mwngz ndei
　　他　向　我　挥挥　手　笑　你　好
他向我挥挥手，笑着说你好。

b. Mbouj ndei gwn mwngz cimz cimz couh rox lo
　　不　好　吃　你　尝　尝　就　知　了
好不好吃你尝尝就知道了。

c. Laux sae ngaek ngaek gyaeuj naeuz haeuj daeuj ba
　　老　师　点　点　头　说　进　来　吧
老师点点头说进来吧。

"vad vad"（挥挥）、"cimz cimz"（尝尝）、"ngaek ngaek"（点点）都表示短时或瞬间的动态性。

第二节　壮语"非完整体"范畴

（一）将行体"yaek"（欲）

1. "yaek"（欲）的未然性

以上下文中提供的引用时间为基点，在这个引用时间或周期之后要执行的操作就是将行体。未然性在与已然性相对比时，指的是从时间的角度看，还未出现、展现的行为或者状况，或者还未实现的某种效果。"yaek"（欲）的未然性包含两种可能的场景，也就是这类行为或状况在未来可能会或者可能不会出现，表达出了一种可能性，而并非肯定会发生。

a. Mbwn yaek doek fwn lo
　　天　欲　下　雨　了
天欲下雨了。

b. Ci yaek daengz ndwn lo
　　车　欲　到　站　了
车欲到站了。

c. Haeux yaek cawj ndei lo
　　饭　欲　煮　好　了

饭欲煮好了。

"yaek"的未然性可以用"caeng"（未）或者"caengz"（未曾）这些否定词来检验。所以上面例子中的未然性的这种可能的情形，可加"caengz"的否定小分句来取消。

  a. Coz yez yaek sij sat lo, hoeng seiz neix caengz sij sat
   作业　欲　写　完了　但　现　在　未　写　完
作业欲写完了，但现在未写完。

  b. Ci yaek daengz lo, hoeng seiz neix lij caengz daengz
   车　欲　到　了　但　现　在　未　还　到
车欲到了，但现在还未到。

  c. Haeux yaek cawj ndei lo, hoeng seiz neix caengz cawj ndei
   饭　欲　煮　好了　但　现　在　未　煮　好
饭欲煮好了，但现在未煮好。

未然性指的是在当前的相对时间节点，事件尚处于未发生的状态，但在未来的某个时间点，事件发生的可能性极高。以上所述的两个行为——"写作业"与"煮饭"很快就能在未来的某个时间点完成，目前（讲话的时刻）只是尚未完成。但也有可能由于意外的原因，预期发生的事情并没有真正发生。如上面例子中"作业欲写""车欲到"这个事件，实际到后来因为某些原因作业没有写完或者车没有到来。

2. "yaek"（欲）的将行性

将行性是指将在未来某时刻进行的行动。尤其在"yaek"（欲）的语境下，将行性主要描述的是在不久的将来发生的事情，而对于较远的将来发生的事情使用较少。

  a. Lwg nyez bi moq yaek hwnj cuh cungh lo
   子　孩　年　新　就　上　初　中　了
孩子明年就上初中了。

  b. Lwg nyez haj bi le cij hwnj cuh cungh
   子　孩　五　年　后　才　上　初　中
孩子五年后才上初中。

  *c. Lwg nyez haj bi le couh yaek hwnj cuh cungh
   子　孩　五　年　后　才　要　上　初　中

孩子五年后才要上初中。

例子中的"上初中"是未来发生的情景,可以用近期的时间参照"bi moq"(明年)和较远的时间参照"haj bi le"(5年后)来描述。而"yaek"(欲)、"cij"(才)可以与它们相应地配合使用,如a、b例句。c例句中错误的原因在于将来时间"haj bi le"(5年后)和"yaek"(欲)近时将行性在时间结构和语义上是冲突的。"yaek"(欲)的前瞻性质主要是对应即将到来的参考时间,在没有具体未来参考时间的事件中,则需要依靠语用推理。

3. "yaek"(欲)的情态性

"yaek"(欲)的情态性在壮语中表现为人的主体意愿、计划或者图谋等情态领域的概念。这个词的情态性植根于古汉语中"欲"的本义,也就是与"欲望""思考""愿望""想要""意志"和"目标"等语义领域挂钩。壮语的"yaek"(欲)基本上能体现出与语义领域相关的志愿表达的动态情态,这与英文中的"will"和"want"的情态非常相似。

a. Gou yaek cawx gyaq ci, mbouj rox seiz lawz cij miz cienz cawx ndaej
　我　欲　买　辆　车　不　知　时　何　才　有　钱　买　得
我想买辆车,但不知何时有钱买。

b. Mbouj rox de biz yez le, yaek guh gij maz hong
　　不　知　他　毕　业　了　欲　做　什　么　工作
不知道他毕业以后想做什么工作。

可见,在"想买车"与"想做什么工作"这两件事情中,"yaek"都是实施者的想法与意愿,以期在未来的某一个时刻得以完成。

a. Go yaek bae sang haij yoz siz
　我　欲　去　上　海　学　习
我要去上海学习。

b. Dax meh yaek bae cawj haeux hawj rou gwn
　妈　妈　欲　去　做　饭　给　我们　吃
妈妈要去做饭给我们吃。

(二)起始体(开始体)"hwnj daeuj"(起来)

起始体,又可称作开始体,指的是标记一个活动或事件开始,却未指出其结束时间的情况。对于中文来说，常以"起来"的词形来体现这类状态，对应于其含义，"起来"可视作一个较为典型的示例，例如"她哭起来了""他们打起来了"。从语法结构角度看，"起来"这个词表现出一定的虚化性质，通常读音较轻，但还未达到"了"或"着"这类词的虚化程度。当一个动词后面附上宾语时，"起来"可以像趋向补语一样被宾语分隔，如"她唱起歌来"。壮语起始体标记主要与"起来"的使用方式相似。在后续的探讨中，我们将从动态性、延续性、非实质性、来源和语法化，以及该词与动词类型、动词论元、否定性、疑问性和其他副词的关联性等方面进行深入研究。

1. "hwnj daeuj"（起来）的动态性

不论是运动性或静态性的情况，一个事件始终会经历从开始至结束的变化。"起来"这个词揭示了事件开始的变化，即它的运动特性。壮语里的"hwnj daeuj"（起来）也体现了这一动态性。

起始体表示动作的起始或启动，其体标记为"hwnj daeuj"（起来）。

a. Seiz neix aen dungx hain duj iek hwnj daeuj lo
   时　这　个　肚　开　始　饿　起　来（语气词）
现在肚子开始饿起来了。

b. Seiz neix hin duj doek fwn hwnj daeuj lo
   时　这　开　始　下　雨　起　来（语气词）
现在开始下起雨来了。

c. De naeuz gangj vah couh riu hwnj daeuj
   他　不　讲　话　就　笑　起　来
他不讲话就笑起来。

2. "hwnj daeuj"（起来）的延续性

起始体的连续性意味着事件从动态变化起始点开始至行动实施或条件维持到结束点前的整个过程。对初发体事件而言，结束点只是可能存在，并非绝对要求。然而，在起始体通常所描绘的事件的时间组成中，起始点与起始点之后的一段时间都是不可或缺的。

所以应该将起始体事件的真实时间构造视为初始点和后续的无终结点时间阶段。这个时间阶段可以被认为是起始点发生改变后遗留下来的状态或者行为的无限的时间点的一个集合。这个持续的过程期与语言观察者通常观测的进行式和持续式十分相似，区别在于初始式主要关注起始点的转变，而进行式和持续式则主要观察过程期（即没有起始点也无终结点）。如果不存在这个过程期，那么就意味着起始点便是终结点，起始体就失去了初始的含义。壮语的起始体的连续性，与壮语的初始标志"hwnj daeuj"（起来）可与进行体标志"cingq"（正）、持续体标志"dawz"（着）以及将行体标志"yaek"（欲）同存，但并不与完整体同存。

  a. Song boux lwgn yez cingq dox fwd hwnj daeuj
   两　个　小孩　正　打架　起　来
 两个小孩正在互相打起架来。

  b. Hat lai lo, de gwn gaemz hung hwnj daeuj
   渴　多太 他 喝　口　大　起　来
 太渴了，他大口大口地喝起水来。

  c. Laux sae byaij haeuj gyau siz, gyoengq doengz hag sik haek caem dingh hwnj daeuj
   老师　走　进　教室　们　同学 立刻 安 静
起　来
 老师走进教室，同学们立刻安静起来。

  d. De baez fat heiq couh ndek gij hong ndaw fwngz hwnj daeuj, naengh dawz mbouj gangj vah
   他　一 生气　便　扔下　活　着　手　起　来　坐
着　不　讲　话
 他一生气便扔下手中的活坐着发呆起来。

  e. Mbwn nit hwnj daeuj, mwngz lai daenj di buh
   天　冷　起　来　你（欲）多穿　些 衣服
 天冷起来你得多穿些衣服。

  上面例子中的"正在互相打起架来""大口大口地喝起水来""立刻安静起来""坐着发呆起来""多穿衣服"等事情，起始体标志"hwnj daeuj"（起来）、进行体标志"cingq"（正）以及持续体标志"dawz"（着）结合，表示持续体的延续性。

3. "hwnj daeuj"（起来）的非写实性

起始体的非写实性是指在所谓的起始体事件中，说话者所描写的不是实际或具体发生的事件，而是着眼于刻画客观事物的某种属性或状态等。一般情况下，主要采用这种较为固定的句式，即"受事主语+谓语动词+起来+形容词"。汉语学界不少学者把这种句式叫作典型"中动式"或"中动语态"，其中"起来"是中动句式标记。壮语的"hwnj daeuj"（起来）也具有相当于汉语中动句式的功能。非写实性，也可以叫作事件虚拟性，主要是凸显事物的某一属性。

a. Diuz daez neix yawj hwnj daeuj yungz heih nanz guh hwnj daeuj
　　道　题　这　看　起　来　容　易　难　做　起　来
这道题看起来容易做起来难。

b. Aen mak bingz goj neix gwn hwnj daeuj gig van
　　个　果　苹果　这　吃　起　来　很　甜
这个苹果吃起来很甜。

c. Fan moeg neix cw hwnj daeuj gig unq
　　张　毯　这　盖　起　来　很　软
这张毯子盖起来很柔软。

在上面的例子中，标记的事件是"看事情""做事情""吃苹果"和"毯子盖起来"。这些事件的行动人其实并未被主讲者特别强调，可能大部分人的情况都相似，也就是说，对于绝大多数行动人来讲，他们对说话人表达出的"hwnj daeuj"（起来）后的描述词所引发的心理感受或体验都是类似的。之前的描述词包括"yungz heih"（易）、"nanz"（难）、"van"（甜）、"unq"（软）仅仅是说话人希望突出的重点部分，也就是某项特质，所以接受者都被置于主语的位置。起始体"hwnj daeuj"（起来）增加了这几个事件的抽象性和想象性。如果在以上所有句子中都不使用起始体"hwnj daeuj"（起来）标记，那么得出的句子仍然是正确和合格的，但是其非写实性、事件的虚拟性有问题。

a. Diuz daez neix yawj yungz heih guh nanz
　　道　题　这　看　容　易　做　难
这道题看容易做难。

b. Mak bingz goj gwn daeuj van
　　果　苹果　吃　来　甜
苹果吃来甜。

c. Fan denz neix gig unq
　　张　毯　这　盖　柔软
这张毯子很柔软。

由于这些例子都未标示出"hwnj daeuj"（起来）这一起始体标志，因此呈现的事件似乎都是讲述者亲身经历或者身临其境的特定事件，属于完备性事件，相对于讲述者发言的参照时间而言，都至少是已经完成的过往事件，属于一种描绘过去事件的写实性。

（三）进行体标记为"cingq"（正、正当）

以语言情境中所提供的参照时间为基点，动作行为在这个参照时点或时段之间正在进行的活动事件或场景就是进行体。"cingq"（正、正当）在句子中的位置较为稳定，就如同中文中的"正在""正"总是固定在动词之前，这个位置从不变动。"cingq"（正、正当）很少展现出其他种类的句法特性。

a. Fwn cingq caih doek
　　雨　正　在　下
雨正在下着。

b. Dax boh cingq guh hong
　　爸爸　正　干活
爸爸正在干活。

c. Dax meh cingq bang raeuz saeg buh
　　妈妈　正　帮　我们　洗　衣服
妈妈正在帮我们洗衣服。

d. Gou cingq nyae ngq sij coz yez
　　我　正　忙　着　写　作业
我正在忙着写作业。

e. Boux haici seiz neix cingq youq gwnz loh hai ci
　　位 开车　现在　正　在　上　路　开车
司机现在正在路上开车。

（四）持续体（续行体）"dawz"（着）

持续体指的是动作行为或者由动作行为形成的状态的持久性。这意味着动作行为或事件在一定时间内保持不变，处于连续状态，不指明其起点与终点，句子通常可以添加一些短语来指明持续时间，进行体则不能，持续体标记为"dawz"。

a. De cingq diuq dawz foux
　 她　正　跳　着　舞
她正跳着舞。

b. De naengh dawz naengh youq
　 他　坐　着　好　在
他好好地坐着。

c. Dax goeng ninz dawz gwnz mbonq ninz dawz lo
（长辈）爷　躺　着　上　床　睡　着　了
爷爷躺在床上睡着了。

（五）接续体"roengz bae"（下去）

在壮语中，接续体标记主要分为两个类别，一类是"roengz bae"（下去），用于表达连续的单个事件，另一类是"gonq"（先），用于串联两个或以上的事件。这两类标记在语法特质上有很多相似性，都能紧跟在不及物动词或有宾语的及物动词后。它们在语法上有一定的区别，不能互相替代。我们会集中讨论"roengz bae"（下去）的两个主要语义特质，即其动态特性与分解性，探讨其由来、语法化，以及与动词类型、论元的联系，同时分析其否定、疑问方式以及与副词共现的关系。在此之上进一步比较"gonq"（先）和"roengz bae"（下去）的不同应用方法。

1."roengz bae"（下去）的动态性

汉语"下去"指事物内部的继续延伸，和"起来"一样，也具有动态的性质。"下去"表示中途的延续性，"起来"表示事件的起始的变化。与持续体"着"也不一样，"着"表达的事件可以双向延伸，"下去"反映的事件从根本上说只能前向单向延伸。继续体（接续体）只强调事件向前延伸,并不强调继续点之前的情况,事实上,许多句子表达的事件在继续点之前出现暂时中止,有时还插入另外一个事件。壮语的接续体"roengz bae"(下去)具有的动态性也十分明显。

在汉语中,"下去"描绘了事件内部的持续发展,与"起来"表达的动态变化属性类似。"下去"用以表明事件一直在进行中,"起来"则表明事件由开始到变化的过程。这与连续状态的"着"有所不同,因为"着"的意义可以双向发展,而"下去"揭示的事件则主要只能向前发展。延续体(或称续态)仅重视事件的持续进展,并不关注继续时刻之前的场景。实际上,在许多语句中,描述的事件在继续时刻之前会有暂时的中断,有时甚至会穿插一些其他的事件。泽阳语的延续体"roengz bae"(下去)也呈现出一种明显的动力性。例如:

a. De gangj baeg le yietnaiq yaep ndeu youh gangj roengz bae
   他 讲 累 了 休息 会儿 一 又 讲 下 去
   他讲累了,休息一会儿又讲下去。

b. De sij yaep de youh laeb daeb sij roengz bae
   她 写 会儿 她 又 继 续 写 下 去
   她写了一会儿,想了一下又继续写下去。

c. De gya ndei youz le youh laeb daeb hai ci roengz bae
   他 加 完 油 后 又 继 续 开 车 下 去
   他加完油后又继续把车开下去。

d. De gangj baeg lo, gwn cenj caz le youh gangj hwnj daeuj
   她 讲 累 了 喝 杯 茶 后 又 讲 起 来
   她讲累了,喝杯茶后又讲起来。

e. De guh hong baeg lo, yawj le den si youh guh hwnj daeuj
   她 干 活 累 了 看 了 电 视 又 干 起 来
   她干活累了,看了电视又干起来。

由此可见,例句a、b、c分别表示"他讲话""她写字""他开车"三件不一样的事,但是,句末都有表示事件核心内容的"gangj roengz bae"(讲下去)、"sij roengz bae"(写下去)、"hai ci roengz bae"(开车下去),接续体"roengz bae"(下去)附于核心动词后面表示该事件中途(中断或不中断后)继续的动态性,与"hwnj daeuj"(起来)表示的起始变化和"cingq"(正)、"dawz"(着)表示的不中断的持续变化不同。

然而，在句子的末尾，有"gangj roengz bae"（讲下去）、"sij roengz bae"（写下去）、"hai ci roengz bae"（开车下去），这表明了事情的主要内容。附着在核心动词后面的接续体"roengz bae"（下去）是用于表示事件是否在中途（无论是否中断）保持继续动态性的，这与 hwnj daᵊuj（起来）所指的起始变化以及"cingq"（正）、"dawz"（着）所指的无中断持续变化是不一样的。

2．"roengz bae"（下去）的分解性

接续体（继续体）反映了对一个事件的分解。这种分解表现在两个方面：其一是不中断的事件发展到某一点再继续下去，继续点的前后是相连的，语言者表达了对某一个整体事件的分解观察；其二是表现事件在发展到某一点时中断了，插入了其他事件，而后原事件又继续进行下去，继续点只与事件的后部分相接，并不与前部分相接。简而言之，就是相连的分解和不相连的分解。

相比之下，起始体就没有反映对事件的分解性。以上例子中 a 句所表示的"讲话"事件实际上就是典型的相连的接续体事件，"他只是感觉累了停下来不说，过了一会儿才接着说下去"，整个事件中间没有插入任何另外的事件。b 句表示的"写字"事件，也是一种相连接续体，整个"写作"事件无非就是写作过程中他间断地思考了一下，接着继续写作，中间没有插入任何另外的事件，是一种相连的分解性动作。相反，d、e 例句中表示"讲话"和"干活"的两个事件中，中间分别插入了"gwn cenj"（喝茶）和"yawj den si"（看电视）另外两个事件，使得原来事件的分解性表现为不相连的特征。其实，壮语的接续体"roengz bae"（下去）的不相连分解可以允许语言者在事件的不相连时间结构中插入若干个小的事件，整个事件体现了很大的动态性和分解性。

接续体（继续体）揭示了对一项事件的拆分。这种拆分体现在两个层面：一方面是无间断的事件进行到某一阶段然后持续发展，延续点的前后是相连的，使用者呈现了对一个完整事件的拆分观测；另一方面是体现在事件进行到某一阶段时被打断，插入了其他事件，然后原来的事件又持续推进，延续点只与事件的后半部分接入，不与前半部分接入。简单来说，即持续的拆分和中断的拆分。

（六）先行体"gonq"（先）

壮语的另外一个先行体"gonq"（先）与"roengz bae"（下去）形成鲜明的特征。"gonq"（先）的主要语义特征主要表现在三个方面，分别为：信息焦点在前的特征、两个或两个以上事件的连接、静态蕴含性接续。下面结合"roengz bae"（下去）进行比较，对"gonq"（先）的接续体这三方面的特征逐一进行分析。

1."gonq"（先）接连两个或两个以上的事件

在壮语里，"roengz bae"（下去）和"gonq"（先）作为两个接续体，它们形成的显著特色之一就是，"roengz bae"（下去）普遍被用作表示一个事件拆分成两部分的标记，而"gonq"（先）则常被用来标记两个或更多的事件的连续。

a. Mwngz bae swiq naj gonq menh bae doeg saw
　　你　去　洗　脸　先　再　去　读　书
　你先去洗脸，再去读书。

b. Mwngz bae vuenh buh gonq, dou caiq bae haw
　　你　去　换　衣服　先　互　同　去　街
　你先去换衣服，我们再一同去赶集。

c. Mwngz bae coemh raemx gonq caiq gaj gaeq ba
　　你　去　烧　水　先　再　杀　鸡　吧
　你先去烧水，再杀鸡吧。

接续体"roengz bae"（下去）一般只接续一个事件的前后两部分，而不用来接续两个或两个以上的事件。

a. Mwngz bae swiq naj menh doeg saw roengz bae
　　你　去　洗　脸　再　读　书　下　去
　你去洗脸，再读书下去。

b. Mwngz bae vuenh buh caiq haw roengz bae
　　你　去　换　衣服　再　赶集　下　去
　你去换衣服，再赶集下去。

c. Mwngz bae coemh raemx caiq gaj gaeq roengz bae ba
　　你　去　烧　水　再　杀　鸡　下　去　吧
你去烧水，再杀鸡下去吧。

2. "gonq"（先）接连的信息焦点在前

如果说"roengz bae"（下去）的接续体应该强调接续后半部分的重要消息，相对地，"gonq"（先）的先行体应该聚焦前面的事情，而不是后面的事情。

a. Mwngz byaij gonq gou caiq byaij
　　你　走　先　我　再　走
你先走，我再走。

b. Mwngz gwn gonq gou menh gwn ba
　　你　吃　先　我　再　吃　吧
你先吃，我再吃吧。

c. Dou sib gvenq hawj boux geq gangj vah gonq
　　我们 习 惯 给 人 老 讲 话 先
我们习惯给老人先讲话。

连续体"roengz bae"（下去）的信息核心看重事情的后段，事情的前段通常可以省略，只靠连续体"roengz bae"（下去）以及一些辅助词或语境潜在的内涵来表达。

a. Mwngz laeb daeb byaij roengz bae ba
　　你　继　续　走　下　去　吧
你继续走下去吧。

b. Mwngz gwn roengz bae gonq
　　你　吃　下　去　先
你先吃下去。

c. Boux geq laeb daeb gangj roengz bae
　　位　老　继　续　讲　下　去
老人继续讲下去。

3. "gonq"（先）的静态蕴含性接续

"gon"是由作为动词后缀的副词"gonq"（先）派生出来的，代表

"将要持续"的意思，和"即将"的意义有联系。然而，"gonq"（先）只是强调了先后做某件事的顺序，而这并不意味着后做的事情不能先做。相反，"gon"（先）则强化了两个动作之间在逻辑上的连贯性和一定的条件性，只有先做了才能做后面的事情。从语用的视角看，听者一旦听到"gon"，就能理解说话者接下来会陈述与前一个动作有逻辑连贯性的下一个动作。动词与"gon"的组合只能用在陈述句中，而副词"gonq"（先）则可以用在任何句型中。

"gonj"（先）、"gon"（先）和"gonq"（先）源于同一个词根。这种基于逻辑的相互关联性我们称之为静态蕴含性连接，这与壮语中动态持续体标记"roengz bae"（下去）有所区别。下面请比较这两种不同的接续。

a. Mwngz gangj gonq
　　你　　讲　　先
你先讲。

b. Mwengz ji cuj gangj roengz bae
　　你　继续　讲　下　去
你继续讲下去。

由此可见，例句 a 显著地展示了一个静态的事件，相较之下，例句 b 的动态性尤其突出。这种区别和这两个接续体原本的词语含义存在关联，该虚化程度不是很高，大概处于词汇与语法之间。

（七）惯常体"youq youq"（又又）、"yaep yaep"（眨眨）、"gvenq"（惯）

惯常体的定义是：在某事件中，参与人（即行动发起者）对于事件中重复或常态的行动或状态，呈现出的包容、乐观或愿意接受等心态特征，即该行动发起者对这个事件的默认情绪或意愿等。基本上，行动发起者不持有想要阻止这种频繁发生的事件的计划或意图。惯常体象征着一种持久、频繁、常规的行为动作。在惯常体语句中的动词，在客观上是被要求在语义上必须和它所标记的惯常事件的常态性相符合的。

壮语的惯常体也是未完整体范畴的一种。例如，"youq youq"（又又）、"yaep yaep"（眨眨）、"gvenq"（惯）都体现出了完整性、重复性和情态性，但是它们的出现频率和语法化的程度并不完全等同，而且存在句法位置上及其与动词类型搭配上的差异。

1. 惯常体的未完整性

在习惯的定义中,时间并没有固定的框架,它是一种持续而常态的,或者习惯性的行为表现。站在语言观察者的角度,他们所能看到的只能是时间结构的两个端点无限扩展的不完整情况类型,而处在事件的中间,经常、反复发生的过程才是它的本质。

在壮语中,"youq youq"(又又)、"yaep yaep"(眨眨)这两个习惯性体标记都表示一种反复、频繁的动态过程,而且其频繁程度是由事件发生的时间间隔决定的。"yaep yaep"(眨眨)的频繁程度显然要高于"youq youq"(又又)。而"gvenq"(惯)则更多的是强调结果和状态的静态恒常性,也暗示了动作的经常性和反复性。如:

a. Ranz hoj raeuz youq youq gip byaek cwx maz gwn
　　家 穷 我们 又 又 捡 菜 野 来 吃
家穷我们经常捡野菜来吃。

b. Ranz hoj raeuz yeap yeap gip byaek cwx maz gwn
　　家 穷 我们 常 常 捡 菜 野 来 吃
家穷我们常常捡野菜来吃。

c. Ranz hoj raeuz gwnq gvap lo byaek cwx
　　家 穷 我们 吃 惯 了 菜 野
家穷我们吃惯了野菜。

由此可见,英语中的"used to do sth"结构和壮语中的惯常体在表达上有所不同。英语的这种结构通常只表示过去的常态,对现在的意义已经结束。然而,壮语的惯常体没有这样的自然结束点,它被视为未完整体,即通常在过去形成,一直持续到现在,并可能继续保留到未来。在壮语的三个惯常体中,"youq youq"(又又)和"yaep yaep"(眨眨)的语法地位相同,都位于谓语前面,而"gvenq"(惯)则在谓语之后。尽管如此,这些惯常体在许多相同的情境或事件中经常出现,其所表达的意思也大致相同。例如:

a. Laeq lwg nyez youq youq deuz hwnj dangz
　　那 个 小孩 又 又 逃 学 堂
那个小孩经常旷课。

b. laeq lwg nyez yaep yaep deuz hwnj dangz
　个　小　孩　常　常　逃　学　堂
那个小孩常常旷课。

c. laeq lwg nyez gvangq hag gvenq lo
　个　小　孩　旷　课　惯　了
那个小孩旷课惯了。

这三个例子都是以常态标记和主要动词组成的简单句；同理，表达常态事件的简单句也能够作为关系句存在于复句里。例如：

a. Raeuz youq youq bae gwn faenj aen diemq gah maz ndei gwn
　我们　又　又　去　吃　粉　家　店　非常　好　吃
我们经常去吃的那家粉店非常好吃

b. Raeuz yeap yeap bae gwn faenj aen diemq gah maz ndei gwn
　我们　常　常　去　吃　粉　家　店　非常　好　吃
我们常常去吃的那家粉店非常好吃

c. Raeuz gwn gvap lo aen faenj diemq gah maz ndei gwn
　我们　吃　惯　了　家　粉　店　非常　好　吃
我们习惯吃的那家粉店非常好吃。

2. 惯常体的反复性

惯常体的语义表征之一是动作的反复性，也就是动作的连续，经常发生，或者某种结果的持续出现。不再发生的动作或重复后无法提供新信息的描述，一般和惯常体的复发性不相容。也就是说，惯常体句型中的动词在语义方面必须符合其表明的习惯事件的复发性特性。例如：

a. De ninz gvaiz gvenq lo
　他　睡　懒　惯　了
他睡懒觉惯了。

*b. De dai gvenq lo
　他　死　惯　了
他死惯了。

c. De unj gvenq ciengx gvenq lo
　她　娇　惯　生（生活）惯　了
她娇生惯养惯了。

*d. De ciengx gvenq lo
　　她　生　惯　了
她生惯了。

例句 a、c 的谓语是可重复的活动动词"睡"和"生"，可构成合格的常规句。例句 b 和 d 的谓词是非重复动词类" dai"（死）和"ciengx"（生），前者不是瞬时的，后者是状态性的，因此不能形成惯常体。

3. 惯常体的情态性

惯常体的情态指的是事件参与者（行动者）对在事件中重复或常态的行动或状态展现出的包容、喜欢、愿意等心理特征，即行动者对该事件的预设态度或情感意向等，至少行动者无意或无计划停止此类重复事件产生的想法和情绪状态。例如：

a. De loek doj bae, mwngz aeu mbouj miz banh fap
　　他　迷　赌博　你　拿　没　有　办法
他迷上赌博，你拿他没办法。

b. De yiengh neix gvenq lo, mwngz youh baenz lawz guh ne
　　他　这样　惯　了，你　又　怎　样　做　呢
他这样惯了，你又能怎样呢？

c. De bae nz yak gvenq lo, mwngz dawz de baenz lawz yiengh?
　　他　这么　凶　惯　了　你　拿　他　怎　么　样
他这么凶惯了，你能拿他怎么样？

以上句子都是壮族语言中典型的惯常体事件标示句。倘若我们立足于每一个句子的具体情境，惯常体事件中的动词都能精准地揭示出施事者在事件发生中"有意为之"的心理倾向或情态。例如，例句 a 的"他迷上赌博"，例句 b 的"他这样惯了"，例句 c 的"他这么凶惯了"，都是通过惯常体标记展现出一定的情态性。然而，描述自然现象的惯常体，其对情态的表达就显得相对较弱。例如：

a. Neix youq youq deih saenq
　　这儿　经　常　地　震
这儿经常地震。

b. Neix yaep yaep deih saenq
　　这儿　常　常　地　震

这儿常常地震。
c. Baez deih doengh gvenq lo
　　 这儿 地　 震　 惯　 了
　　这儿地震惯了。

第四章 壮语"吃"的多义词研究

摘要：汉民族文化作为优势文化进入了壮族文化圈，文化上的碰撞呈现出了以壮族文化吸收汉民族文化为主的态势。而文化的融合能够从语言的借用上得到反映。笔者通过探究壮汉饮食类词语的借用，分析词语借用背后的文化融合现象。从饮食类词语借用的视角去探析饮食文化的融合，不仅提供了探究民族文化的新视角，研究成果也丰富了语言学，尤其对民族语言研究具有促进作用。

关键字：壮汉饮食　借用　民族文化　交往交融

语言中的词义越常用，派生意义就越多。壮语和汉语中饮食类词"吃"是一个比较常用的义位。笔者在前人研究的基础上以壮汉语中"吃"为考察对象，通过"吃"的共时比较和历时演变，从共时和历时两个维度，采用认知语言学的隐喻理论分析壮汉语中"吃"的词义扩展，从而揭示壮汉民族因饮食文化而形成的民族交往、交融。广西是一个多民族聚居的地区，多种文化在相互接触和碰撞中逐渐融合，不常用的语言也随着文化的碰撞相互影响，汉族文化作为一种强势文化进入该地区后，对该地区原有文化产生了重要的影响。文化影响可以从语言的借用来窥见一斑，从而分析壮汉饮食文化词的借用情况，帮助我们了解壮汉饮食文化的融合状况。

第一节 饮食类动词的演变历程

《汉书·郦食其传》所载："王者以民为天，而民以食为天。"这里的"天"比喻赖以生存的最重要的食物。饮，即为喝；食，即为吃。吃喝乃人生的必然要求，是维持人生活下来的行为方式。饮食文化跟人类本身的历史一样源远流长，饮食是人生存不可缺少的条件，因而有"人是铁，饭是钢，三天不吃饿得慌"之说。饮食作为人类赖以生存的方式，现代汉语中常用"吃"的动词表示，这类饮食词语非常丰富，形成了现代汉语词汇系统里的一个小的词汇场。有关食物的词汇在各民族语言中也是比较稳定的。所以考察、研究有关民族饮食文化的异同往往可以弥补史料的不足，有助于确定它们之间的亲缘关系和历史上交往接触的情况。

据钱强文、张天怡在《汉语常用饮食类动词历时更替考察》中述说，他们分别对先秦两汉、魏晋南北朝隋、唐宋、金元明清四个历史时期的代表文献进行穷尽式查验，用统计和定量分析方法对食、啖、喫、吃的历时更替进行考察后得出以下结论。

1. 先秦两汉时期

这一时期，用以表示"吃"的动词主要是"啖"和"食"，"食"是先秦至两汉时期用以表示饮食类动词的核心词。

2. 魏晋南北朝隋时期

该时期表示饮食类动词的"吃"还没有出现，"喫"的使用逐渐增多，使用频率有所上升，但用来表示"进食"义，与"食"仍然存在区别。与此同时，"啖"常和"食"连用构成"啖食"和"食啖"的结构。这一时期"喫"的用例还极少，"啖"继续沿用且使用频率有所提高，而"食"仍是饮食类动词中的核心词。

3. 唐宋时期

这一时期"喫"和"吃"的用例逐渐增多，特别是在口语中"喫"已经十分活跃，在使用中显示出比"食"更占有优势的地位。被动关系词"吃"是"喫"的缩写，自唐代引申有"遭受"之义，"吃"的被动用法就是源于其"遭受"义，从而可以看出"喫"在这一时期口语地位提高，但在书面语中，"食"仍然占据主导地位。

4. 金元明清时期

这一时期"喫"仍保持强劲的发展势头,对"食"的替换比例较唐宋有了更大的发展。进入明清"吃"已经占有一定的优势,基本完成了对"食"的历史更替,"啖"的势力和"食"的势力一样微弱。从元末明初至清朝,"吃"对"食"的更替比例呈现出快速上升的趋势,直到"吃"成为饮食类核心词,"食"和"啖"才逐渐退出口语"市场"。

从上述演变可以看出,汉语吃类词的迭禅是一个复杂的过程。上古汉语中表示"进食"义的词主要是"食"和"啖",其中"食"占据主导地位;进入中古汉语,"食"和"啖"持续使用,同时出现了新词"喫",但"食"仍占据主导地位;到了近代汉语中,"喫(吃)"开始与"食"竞争并逐渐占据优势,到清中期基本完成对"食"的更替,而"啖"退出了口语"市场";在现代汉语普通话和官话方言中,"吃"占据了饮食语义场的主导地位,而"食"只适用于书面语和固定搭配中。

第二节 壮汉语"吃"类词群隐喻比较

依据认知语言学的范畴化理论和概念隐喻理论,在借鉴前人已有的理论成果基础上,对壮汉语"吃"做出语义分类,确定其原型意义,分析语义间的引申关系,进而从壮汉"吃"类词群的内容和动作的隐喻表达展开分析,研究结果显示出隐喻的民族性。从语义范畴进行分析,探究其背后的隐喻认知机制,最后探讨壮汉语"吃"类词群所反映的中华民族独有的文化内涵以及背后的文化根源。

(一)人和动物把食物摄入体内的行为、身体吸收营养成分的远程

汉语	汉义	壮语	壮义
吃饭	进食	gwn haeux	泛指吃早、中、晚饭
吃肉	食用肉类	gwn noh	食用肉类
吃鱼	食用鱼肉	gwn bya	食用鱼肉
吃菜	食用蔬菜	gwn byaek	吃青菜
吃水	喝水	gwn raemx	喝(饮)水
吃茶	喝茶	gwn caz	喝(饮)茶
吃药	服药	gwn yw	喝药

（二）喻指无生命客体吸收液体

汉语	汉义	壮语	壮义
吃墨	吸收墨汁	gwn maeg	耗（吸）墨汁
吃盐	吸收盐分	gwn gyu	耗（吸）盐分
吃油	吸收油分	gwn youz	耗（吸）油分
吃水2	喝水	gwn raemx	耗（吸）水分

人们在进食时，食物营养会被身体吸收，"吃"由"进入"引申为"吸收"。炒菜时，菜会吸油（"吃油"），把水倒入面粉中面粉会吸收水分（"吃水"），毛笔在宣纸上写字，纸张会吸收墨汁（"吃墨"），我们把菜、面粉、宣纸这些无生命的物体拟人化会"吃"的行为，这是由于两者在动作和行为间的相似，于是在联想的基础上产生映射。

（三）喻指钱财、价格、力气等的消耗、损耗、减少

汉语	汉义	壮语	壮义
吃本	亏本	gwn bonjsaw	吃老本、吃本钱
吃价	讨价还价	gwn gyaq	压低价钱
吃惊	感到惊讶	doek saet	受到惊吓、惊慌
吃力（劲）	耗费力气	dwgrengz	费劲，吃力
坐吃	坐着吃	naengh gwn	只消费不生产，等吃，好吃懒做
吃不消	禁不住；难以承受	souh mbouj ndaej	超出限度，承受不了

生活中不管是讨价还价还是钱财的亏损、力气的损耗等，不论是非可食物品还是抽象的力量，都被人们视为像"吃"而产生消耗的食物，这是源于认识上的相通性。

（四）喻指获取、侵占、牟取某种事物或利益

汉语	汉义	壮语	壮义
吃肥	变胖、变肥	gwn biz	暗中牟取利益、捞取好处
吃利	获利	ndaej leih	得到好处
吃通	竞争中战胜所有对手	gwn doeng	获胜、霸占
通吃	赌博时庄家赢了其他各家	gwnlo	吃完、没剩余
独吃	独占利益不与别人分享	gag gwn	自己吃、独占利益
吃称头	指短斤少两	gwn caengh	克扣顾客、短斤缺两
吃回扣	接受买主的佣金	hoiz soengq	受贿、买卖中私下牟利
吃生	食用未经过烹饪的食物	gwn seng	生吃、喻指欺负坑害陌生人
吃空子	冒领"饷银"行为	gwn gungqceij	钻别人的漏洞赚取便宜

进食时食物从体外进入口腔到体内,这一"吃"的行为是人体摄取食物的过程,喻为人体获得、占有食物的过程。这与人们通过一些不正当的手段获取利益的过程是相通的,两者都属于接收、获取而获益,于是就有了"吃肥""吃利"。赌场上,一方赢取他人赌注或钱财,将他人钱财占为己有这一过程与上述进食的过程具有共性,于是就有了"吃通""通吃"。在买卖、交易中侵占或通过牟取私利的手段获利也是和"吃"有着共通之处,故有"吃称头""吃回扣""吃空子""吃生"的说法。

(五)喻指依靠某种方式和途径来生活

汉语	汉义	壮语	壮义
吃进	收进;购入	gwn haeuj	买进、往里赚取
吃租	以收取地(房)租生活	gwn co	以收租的方式为生
吃(公)粮	旧时指从军	gwn haeux hau	以官位谋生
吃劳保	指靠劳动保险过活	gwn laux bauj	以社会救济为生
吃老本	依靠过去的积蓄生活	souj siz	依靠原有积蓄、贡献吃饭,没新贡献
吃息	依靠存款利息生活	gwn leihsik	吃利息
吃了十岁	表示已吃了十年	gwn lo cib bi	喻指活了十岁

饮食是人类的基本生活方式,离开食物人类就无法生存,于是就用吃饭泛指生活、生存。所以,在隐喻机制作用下从最基本的"饮食域"投射到"认知域"是必然的认知趋势。不同的人谋生的方式各不相同,地主、房东通过收取地租或房租来谋生;军人、当官的人则凭借军人的身份吃军粮维持生存;从政的人则凭借官位来生存;等等。后来人们发现除了吃饭可以维持生存外,还可以依靠某种技能或职业来赚钱生活,于是就有了"靠……吃饭"和"吃……饭"这样的结构。

(六)表示风俗、仪式等

汉语	汉义	壮语	壮义
吃请	接受别人宴请	gwn cingj	赴宴
吃糖	食糖品	gwn dangz	吃喜糖(结婚)
吃酒	喝酒	gwn laeuj	喝酒(喜宴)
吃茶	喝茶	gwn caz	休闲、闲聊
吃斋	宗教人士的戒规	gwn cai	指尽孝期间以素食为主

生活中的婚丧嫁娶一般都是通过举办某种仪式来进行，而仪式背后则离不开"吃"，结婚一般以"摆酒"和"发喜糖"来表示，从而就有了以"吃酒""吃糖"来代指婚宴；按照壮族的习俗，亲人病故，在尽孝期间主人家要吃"素食"，表示对逝者的尊敬，故在壮族有"吃斋"的说法。

（七）表示"被动、承受、程度、禁受、遭受、挨"等

汉语	汉义	壮语	壮义
吃不消	不消化	gwn mbouj siu	无能为力、无法把控
吃官司	受控获罪服刑	gwn gauq	被控告、裁处
吃紧	紧张、严重、重要	haed ndaet	严重、大麻烦
吃瘪	被迫屈服、认输	reuq rat	没有用处、毫无意义
吃屁	做梦、幻想	gwn roet	扑空、没着落
吃软	屈从、容易听从	gwn unq	顺从，容易接受
吃硬	个性顽强不屈从	gwn geng	不接受（好意）的劝说
吃苦	承受痛苦，苦难	gwn hoj	经受艰苦、耐劳
吃香	受人重视，欢迎	gwn rang	受到好待遇、生活滋润
吃气	吸入气味	gwn heiq	受批评、被指责、受委屈
吃亏	遭受损失	gwn vei	受到损失、挫败于

"吃"由"遭受""承受"之意派生出"被""让"。"遭受""挨"表示一种被动的行为，又由于"吃"表示"遭受"义，起初后面带一个动词，如《敦煌变文集》中"火急离我们前，少时终须吃捆"。后来动词前加施动者，在《朱子语类》中也有这种用法，如"只是扶他以证邪说，故吃人议论"，"吃"表被动在清代白话小说中已经消失了，在现代汉语共同语和壮语中这一义位没有被传承下来。

（八）表示"消灭"，多用于（军事、棋戏）竞技上

汉语	汉义	壮语	壮义
吃掉一个团	消灭掉一个团	gwn le aen donz ndeu	打败、消灭了一个团
吃他的炮	象棋中的炮被吃掉	gwn bauq	象棋中的炮被吃掉
吃名	非法占有	gwn mingz	虚报名额获赏
吃定	吃准，认定	gwn dingh	确定、毫不犹豫

同样，由于"吃"本义表示"消耗"的意思，在军事和棋戏上表示"消灭"敌人或打败对手，具有共性，因此，在军事和棋戏竞技中也常用"吃"来表示战胜或取胜对手。

（九）表示近似"呼吸""吮吸""吸""抽"之意

汉语	汉义	壮语	壮义
吃风	受冷风吹	gwn rumz	着凉，喻指没有意义（结果）
吃烟	抽烟	gwn ien	吸（抽）烟
吃奶	喝奶	gwn cij	婴儿吮吸奶水

（十）表示吃的地点、出售食物的地方

汉语	汉义	壮语	壮义
吃食堂	堂食	gwn dangz	在食堂吃
吃馆子	去饭店吃	gvanj cangz	在饭店吃
吃小灶	比喻特殊照顾	gwn cauq	比喻享受到特殊照顾

以上所述各类都表示"吃"的隐喻意义，用一个"吃"字就能衍生出如此丰富的概念和文化，这是语言的"经济原则"作用的结果。语言的"经济原则"就是要用尽量少的语言来表达尽量多的内容。社会在发展和进步，人们认识的内容也在不断增加。但在日常的语言中缺少合适的词来表达这些新的概念，人们不可能也没有必要为所有的新概念造词，在这种情况下，人们往往借助现成的词语来表达新产生的概念，这种借用的结果就形成了语言中大量的隐喻性词汇。隐喻是词义演变的催化剂，很多词的新义就是在原有意义基础上通过隐喻的方式引申而来的。新概念由旧概念的本义及其引申义衍生出多种意义，"吃"的词义在语言经济节省作用下得到了扩展，产生大量的隐喻含义，这大大减少了人们记忆的负担。

总之，不管是汉族还是壮族，人们对"吃"的体验是异常丰富和细致的，这为"吃"类动词丰富的隐喻提供了体验基础。"吃"又是人类最基本的认知方式，人们通过进食的过程来体验和认知世界，这为"吃"类动词隐喻的产生提供了思维基础。此外，语言的"经济原则"也为"吃"类动词隐喻的产生提供了语言学的依据和支持。

第三节　壮汉语言接触与借用的历史层次

（一）壮语与汉语接触历史层次

蓝庆元的《壮汉同源词借词研究》记载，壮语从上古就开始受到汉语的影响，在壮语中有大量的上古和中古借词。秦始皇统一六国后，为加强对中原王朝的统治，平定百越，把岭南地区纳入了中国的版图，封建王朝对岭南的开发统治，给岭南地区带来了先进的生产技术和文化，同时也带来了汉语和汉文化。两个民族的接触必然会出现语言的接触和语言的借用现象。

唐宋时期，许多汉族人民为了躲避战乱迁徙到相对安定的南方，来自唐宋的中古音汉语还保留着岭南汉语分支——平话，平话在其他汉语分支进入岭南之前一直是这里的官方语言。这一时期，岭南地区的壮语也从汉语中借用了大量词语，这些借词和中古音十分接近，也有比较整齐的对应规律可循。明朝在岭南戍守的将领和明末战乱又给岭南地区带来了大量汉藏人口，这些来到岭南的汉人所带来的语言取代了平话，成为当时新政府学堂的官方语言，也成了现在的西南官话的渊源。清末，由于广东广州被西方帝国主义的坚船利炮打开，大批粤人沿西江而下来到广西逃难、经商，他们说的粤方言也在一定程度上对壮语产生了影响。在近代，许多爱国人士探索救国、救民道路，从西方语言借到汉语中的新借词又被壮语转借。到了现代，现代汉语借词在壮族人的日常会话中占30%以上，语言使用者文化层次越高，借词的使用也就越多。

壮语中的汉语借词按照借入时间的先后可以粗略地分为新借词和老借词两大类。老借词主要是历代陆续吸收进来的有关农业和手工业生产、日常生活、社会制度、文化、习俗等方面的词语，这些词主要以单音节词为主；新借词是民主革命时期及其后大量涌入的有关政治、经济、文化、科技等方面的新词术语，以复音词为主。经济因素是决定语言借用的主要原因，它影响着词语借用的方向，在词语的借用上一般是经济水平低的民族向经济水平高的民族借用。汉族的经济发展比壮族快，因而在词语的借用上通常是以壮语借用汉语词语为主，汉语从壮语中借用词语是很少的，饮食类汉语借词更是屈指可数。

（二）壮语借用汉语的饮食类词语

壮语中的饮食类词语丰富，一部分是本民族传承下来的，另外一部分则是从其他语言中借用而来的。蓝庆元在《壮汉同源词借词研究》中列出的有关饮食类的汉语借词有：

表示饮食动作：cimz（尝）、hamz（含）、dauz（淘米）。

表示饮食味道：van（甜）、hamz（咸）、rang（香）、saek（色）。

表示饮食炊具：cauq byaek（菜锅）、haeux cuk（锅铲）、cenj（杯子）、huz（壶）、dawh（筷子）、buenz（盘）、deb（碟）、baek（匙羹）。

表示饮食蔬菜类：gva（南瓜）、lwg gwz（茄子）、mbu（莲藕）、boh cai（菠菜）。

表示饮食瓜果类：mak leiz（梨子）、mak dauz（桃子）、mak louz（石榴）、mak gaemz（柑橘）。

表示饮食肉类：nop gaeq（鸡肉）、noh yiengz（羊肉）、noh cing（瘦肉）、noh lab（腊肉）、noh sug（熟肉）、vanj yizyez（鲩鱼肉）。

表示饮食调料类：suenq（蒜）、cong（葱）、youz（油）、duh gyong（豆豉）、hoz geq（辣椒）、dangz dangz（黄糖）。

表示饮食糕点粉类：mienh（面）、faenj（粉）、gau（糕）、bingj（饼）、mienz（糍粑）、caz（茶）。

表示饮食豆制品：lwg duh（豆）、duh ngaz（豆芽）、daeuh fouh（豆腐）、meg gangj（麦）。

由于新航路的开辟使得世界融为一体，地区之间的交流不再局限于民族和民族，国家之间的往来更是跨越了海洋，玉米、菠菜、石榴、荷兰豆等食物从国外传入中国，汉语中也专门创造了一些词语给它们命名。而这些饮食物质又传到壮族地区，壮族人便借用它们在汉语中的名称来称说它们，如鸡、梨、瘦肉、腊肉、熟肉、糍粑、米粉等。其传播跬径基本是国外—中原—岭南壮族地区。由此可见，如今的壮族饮食文化是壮汉饮食文化融合的产物。

第四节 壮汉语"吃"类词义演变原因及意义

通过对壮汉语"吃"的动作隐喻的比较,探讨了其普遍性的原因是人类共同的身体体验和各民族交往、交流、融合,反映出壮汉民族传统文化和心理习惯。中国的龙图腾中猪嘴的形象象征着汉民族的"食欲"。逢年过节、红白喜事、祭祀祖先等重要节日和仪式上,"吃"都是主要内容;在不同民族接触和交往时,大部分情况也往往是"以饮食为先""以食为本"文化和心理综合作用的结果。这种文化形成国人"以食为本"的特殊文化心理,进而影响民族思维定式的形成,外化到语言上就是"吃"语群的广泛存在且持续发展。

通过对壮汉语义位"吃"的词义扩展的分析,我们可以得出"吃"义位派生的几点认识。在壮汉语中,"吃"义位派生方向具有趋同性,而且方式和途径也大同小异,说明汉语方言和壮语共同语义位派生的共性。渊源可能是如下两点:

(1)受古汉语的影响,主要是部分传承词在义位上传承的影响。

(2)壮汉族在认识的共性和隐喻中的相似性与文化传统、传承有关,在同一国别和文化影响下,不同的语言相对应的义位派生方向相同,隐喻是以相似性为基础的,因此壮语派生隐喻主要还是受汉语的影响。

从历史上看,民族杂居局面的形成,是促进各民族之间经济和文化直接相互渗透,最后达到融合的有利条件。除了政治、军事原因之外,很大程度上是因为发展与少数民族的贸易而日渐繁荣,可见,由商品交换形成的民族之间的密切经济联系,是壮汉两个民族之间的自然融合得到加快的另一个原因。而壮汉民族密切的经济联系以及两个民族的自然融合又促进了经济发展。研究壮汉语族语言、文化融合的文化认同,具有深远的历史意义和重大的现实意义。首先,研究壮汉民族融合的文化认同,对于了解民族团结、民族统一、共同奋斗的思想基础具有重要意义。在一个多民族并存的国度里，总要有一些学说作为各民族团结统一、共同奋斗的思想基础。而我国古代长期统一的中央集权制则成为民族交融的纽带。其次，壮民族的开放性与包容性和壮汉民族的杂居、通婚，也为民族交融创造了良好的条件，使壮族掌握了中原先进的科学文化和生产技术，从而促进了壮汉两个民族的融合。

第五章　壮语形容词的直观形象色彩研究
——以人的身体部位与形容词的合成为例

　　语言中有很多的词语，不仅具有理性意义，还蕴含着感性的表达色彩。词的概念和色彩义都是语义中的重要组成部分。谈及词的表达色彩，人们通常最先想到的是语体色彩、态度色彩以及感情色彩，往往形象色彩容易被忽视。词语的形象色彩则是附在理性意义中，表示具体事物的词语，在人们的意识中形成一种形象感，这种形象感来自对事物形象的概括。在壮语中，形容人的心情、性格特点，以及对人的赞美、讽刺等带有主观评价的形容词往往具有这样的规律，那就是先以人的身体部位与单音节的形容词相组合，最终形成表示抽象意义，但又带有形象性的形容词。谈到这方面的形容词，就要涉及构词法和词的形象色彩。

　　构词法就是语素或词素组合而形成新词，从而产生语义变化。词语的构成变化是构词法中最常用的语法手段。如 dungx（肚）、saej（肠），这两个词语的结合 dungxsaej，与肚、肠都没有关系，而是"学问"的意思，这就是构词法。词的形象色彩以视觉的效果为主，由于词语本身描摹的特点，所指的对象给人以生动、直观的认识，强化了语言的形象表现力。

　　形容词往往是表达比较抽象的概念，但形容词在壮语的表达中，往往表现得生动、具体、直观，能使人们产生形象的联想。同时，这种语言的表达方式也反映了壮民族直观的思维方式以及对事物的感性认识。现按人体的生理结构，从头到脚逐步分析壮语特殊的构词方式，探讨原只指人身体部位的词语与形容词组合后意义是怎样变化的，如何从具体的形象义发展为抽象义。

第一节　头部、颈部与形容词组合

（一）gyaeuj（头）+形容词

gyaeujfoeg（头肿）——聪明、机灵、头脑发达。

foeg 指肿、胀。用来形容头，原来指头大，后来演变为人聪明、头脑发达的意思。

以前科学文化落后，人们认为人的头大，脑量也大，因此比别人聪明、机灵。

gyaeujcinx（头痛）——烦恼。

cinx 指的是"阵痛"。因为人遇到困难，或者不顺心的事的时候会想得过多，而导致头痛，所以后来就发展为用 gyaeujcinx 来形容人的烦恼。

（二）uk（脑）+形容词

ukfoeg（脑肿）——聪明、头脑发达。

ukfoeg 与上文的 gyaeujfoeg 同义。这里是用脑子大来形容人头脑发达。

ukgaeuq（脑旧）——老脑筋、老封建、老顽固。

gaeuq 原意是"旧"，后来演变为用"旧"来修饰"脑"，形容人的思想落后、封建、不开窍。指上了一定的年纪，比较封建、顽固的老人。

例：Goengqda ukgaeuq, yaek bai gizlawz gyae di de sien yaw ngoenz
　　　外公　　脑旧　　想　去　哪里　远点儿 他　先　看　天
ndei gonq.
好　先

外公老封建、老迷信，要去稍微远点儿的地方都要先看好日子。

uklaux（脑大）——聪明、头脑发达，与 ukfoeg、gyaeujfoeg 同义。

uksoem（脑尖）——领悟能力比较好，聪明。

壮族人认为聪明人的脑子是长得尖的，越聪明的人脑子也就越尖。

例：Daeg neix uksoem, baenz bonj saw de ndaej daj goek boih daengz gyaeuj
　　 男孩　这　脑尖　成　本　书　他　能　从　根　背　到　头

这男孩很聪明，他能把整本书从头背到尾。

ukndat（脑热）——生气。

人生气时往往会神经紧张，大脑感觉又涨又热，所以壮族人用"脑热"形容生气。

uknoix（脑少）——笨、愚蠢。

"脑少"这个词可使人联想到"没脑"，所以这个词语常用来形容人考虑事情不全面。

ukmwt（脑钝）——愚钝。

例：Gou ukmwt lai hag mbouj rox nauq.
　　　我　脑钝　多学　不　会　不

我太笨了，所以学不会。

"钝"原只指不锐利的、钝的刀，后来用来形容人的反应迟钝，不灵活。因此 ukmwt 也用来形容人愚钝。

ukrim（脑满）——指聪明、机灵的意思，这个词语与 uklai（脑多）同义。

19世纪以前科学家们对人的大脑的认识存在一些误区，后来经过100多年的研究，才对人的大脑有了更深入的了解。而对于没有接受过多少文化科学教育的壮族人来说，人的大脑更是神秘莫测。他们简单地认为人脑的大小是人聪明与否的主要原因，因此得出了聪明人的脑一定比普通人的脑大的结论；他们还认为脑的结构也很重要，脑子尖的人会比脑子圆的人更聪明、更灵活。

（三）五官与形容词组合

1. da（眼）+ 形容词

dacienj（眼浅）——目光短浅，或者小心眼。

用"cienj"（浅）来形容眼所看到的不深、不远。dacien 还有器量狭小、不够大度、斤斤计较的意思。

例：Dahcej neix baenzlai dacienj, nuengx lai gwn di dongj mboujndaej.
　　　姐姐　这　那么　眼浅　弟（妹）多吃点儿都　不得

这姐姐那么小心眼，弟（妹）多吃一点儿（东西）都不行。

da'nding（眼红）——妒忌，dahoengz（眼红）——也有妒忌的意思。

nding、hoengz 都是"红"的意思。原指看到别人拥有好的东西两眼紧紧、呆呆地盯着看，直到眼睛发热。后演变为看到他人有名有利有地位或者有好的东西而心生妒忌。

例：Raen vunz miz ngaenz gaejlaeg dahoengz.
　　　看　人　有　钱　别　　眼红
看到别人有钱别妒忌。

dasang（眼高）——骄傲、自大。

有些人认为自己了不起，感觉高高在上，所以就用 dasang（眼高）来形容骄傲自大的人。

例：Boux vunz neix dasang, dongx de mbouj han nauq.
　　　个　人　这　眼高　打招呼 不　应　不
这个人很自大，跟他打招呼都不应。

成语 da sang dungx byoengq（眼高肚空），指一些眼高手低，没有什么能力却很骄傲、狂妄自大的人。

daraeh（眼利）——眼睛锐利，对问题看得比较准确。

raeh 原指刀的锋利，与 da 组合后则表示视力好的意思，后来引申为对问题看得比较准确，从而意义变得抽象化。

da'ndat（眼热）——忌妒。

da'ndat 与 da'nding，dahoengz 的意义与用法一致。

眼睛是视觉器官，我们用眼睛来看周围的人、物、事，看出其中的特性后才能比较分析。

2. ndaeng（鼻）+形容词

ndaenggon（鼻宽），ndaenggyoeng（鼻松），ndaengmoj（鼻鼓起来），这三个词语都带有受称赞后得意扬扬的意思。

ndaengngaeu（鼻勾）——意指很吝啬的样子。

我们要了解一个人的内心，了解他的想法，一般会通过其面部表情、眼睛、脸色以及鼻子等方面来观察，于是就出现了以上这些词语。

3. bak（嘴）+形容词

bakbamz（嘴笨）——指不会说话。

bamz 指不聪明、笨。"嘴不灵巧"就是不懂得说话的技巧，不会说话。

bakmbaeu（嘴轻）——指嘴勤，话比较多，喜与人打招呼，善于与人交谈；还指内心藏不住话，心直口快，一些事情到处跟别人说。

baknaek（嘴重）——指不爱说话，不善于与人交流。

与 baknaek 意义相近的 bak dinj linx donh（嘴短舌半）用于指对客人寡言少语，招待不周。

bakmwt（嘴钝）——mwt 原指刀钝、不锋利，与 bak 组合后则形容人沉默寡言，不爱说话。

bakred（嘴紧）——指嘴巴闭得紧，形容一个人守口如瓶，严守秘密，与 bakfeuz、bakmbaeu 成反义。

baksoem（嘴尖）——指人说话刻薄，语言锋利。

壮语俗语：Vunz baksoem sa doh doengh.
　　　　　人　　嘴尖　拖　遍　垌

人嘴尖，传遍田间。

指一个人的嘴巴太厉害，到处搬弄是非或者常与人吵架，搞得名声不好。壮族人常用 fag bak、fag heuj（发达嘴、发达齿）这个词来意指多嘴饶舌、惹人讨厌的人。

孔子曰："有德者必有言，有言者不必有德。"（《宪问》）孔子认为"立言"是君子、圣人的特征，言语与道德的关系是儒家语言哲学探讨的重要问题之一。孟子认为，言语是人心的表现，不同品行德行的人使用的言语不一样，所以可从言语中体察出一个人内在的道德状况。

常言道："祸从口出。"这就提醒人们说话时应该注意，不能口无遮拦，这样会让人反感，甚至容易得罪人；人们可以通过反思以往言行的得失，逐渐形成良好的品德修养。

在壮语中，言语与嘴是等同关系。从上文的例子可以看出，bak+形容词并不是对人嘴的描写，而是对人言语的评论。

4. linx（舌）+形容词

linxraez（舌头长）——嘴馋；能说会道，多指搬弄是非。

5. rwz（耳）+形容词

rwzraez（耳长）——耳朵听不进，不听话，也有做事拖拉的意思。
rwzraeh（耳利）——意指听觉灵敏。

（四）naj（脸）+ 形容词

najmong（脸灰）——害羞或者惭愧。

najmij（脸焦黑）——愁眉苦脸，多用于形容很痛苦的表情。

najsaep（脸阴冷）——愁眉苦脸。

壮语谚语：Naj na ndaej gwn.
　　　　　　脸　厚　得　　吃

这句谚语原指脸皮厚的人常去蹭饭吃，所以有饭吃，后用来比喻胆大才有可能得到好处。

najraez（脸长）——不体面；觉得丢脸。常用于做了一些觉得没面子、丢脸的事，在别人面前显得尴尬，无地自容。

我国各个民族的"脸"文化应该有很多相似之处。"脸"代表着一个人的形象。我们所熟悉的成语"察言观色"，就是指通过观察他人的言语和脸色来揣测其心思，以便见机行事。人的脸色在一定程度上反映了人的内心世界。

"脸"这个词开始的基本义只是指人的面孔，后来引申为物体的前面部分，最终意义逐渐抽象化，发展成带有"面子、颜面、体面"这些意思的延伸义。现在我们说的"丢脸"这个词就有没面子的意思。

（五）hoz（脖子）+ 形容词

hozndat（脖子热）——生气，这个词语的来源与上文提到的ukndat如出一辙，都是描绘人生气时的生理反应。

hozndei（脖子好）——善良。与汉语中的"心地善良"相对应。

hozunq（脖子软）——心肠软；温顺。

hozraez（脖子长）——性情温和；有耐心。

例：Boux vunz neix hwnj miz hoz.
　　 个　人　这　很　有　脖子

这个人很有耐心。

这就是形容一个人有耐心。

例：说一个人的想法打算时，会说：

Gou hoz ndeu yaek sieng bae haw; hoz ndeu yaek sieng bae doengh.
我　脖子一　 将　想　去　街　脖子一　 将　想　去　峒

我一方面想着去上街，另一方面又想去地里干活。

笔者在壮乡长大，经常听到人们谈论人的脖子，他们认为脖子长的人是比较善良、温和、有耐心的。过去壮族人民认为脖子是思维的工具，人的思维、想法都是从脖子里出来的，所以就出现了上文的 hoz sieng（脖子想）。人们还常说 sam sim song hoz（三心两脖子），指的是人三心二意，认为心和脖子都是思维的器官。

第二节　身体与形容词组合

（一）ndang（身体）+ 形容词

ndangnaek（身子重）——懒惰。
ndangmbaeu（身子轻）——勤快；灵巧。
例：Dah cej ndangmbaeu la,ngoenz daengz haemb guh yiengh neix yiengh de.
　　　女 姐 身 轻 多　天 到 晚 做 样 这 样 那
　　姐姐真勤快，一天到晚干这干那的。
勤快的人身体显得轻巧，干起活来利索、干脆；而懒惰的人看起来身体很沉，不好动。

（二）hwet（腰）+ 形容词

hwetraez（腰长）——懒惰。
在壮族人看来，腰长的人行动相对来说不大方便，因此比较懒惰。

（三）dungx（肚子）+ 形容词

dungxdoeg（肚子毒）——狠毒。
壮族人曾认为 dungx（肚子）除了有消化功能外，还能思考问题。一个人狠毒，是由他的肚子想出了坏主意，所以有 dungxyaek（肚子坏）、dungxdoeg（肚子毒）的说法。
dungxgaeb（肚窄）——度量小。
dungxlaeg（肚深）——心中的城府深，指的是一些人把知道的事情或心里想法藏得很深，有些话不会轻易告诉他人。

dungxliengz（肚凉）——凄凉；忧伤。

dungxnaeuh（肚腐烂）——缺德。

壮语中的 dungx 有肚子和胃两种意思，直到与汉语深入接触后，才借用汉语的"胃"这个词。壮语语音为 vei，壮族人民认为肚子、胃、脖子、脑和心都是思维的工具，与人的性情、素质、品德等都有密切的关系。

壮语谚语：Seng lwg mbouj seng dungx.
　　　　　　生　孩子　不　　生　　肚

这句话不能理解成：生孩子不生他的肚子，而是：生孩子不能决定他的品性。还有一句壮族谚语是这样的：bak gangj dungx mbouj riengz（口说肚不随），指答应别人的事却从没有想过去做，或指人口是心非。壮族人如果吵架，想骂一个人恶毒，则会骂 dungxdoeg（肚子毒）、dungxnaeuz（肚子腐烂）。这是因为壮族人认为人的坏念头是从肚子里产生的，这是针对他人非常过分的行为而骂的。

（四）saej（肠）+ 形容词

saejlaet（肠笨）——愚蠢；笨。

saejraez（肠长）——用来形容小孩子爱哭而且哭得很久。

（五）sim（心）+ 形容词

sim'in（心痛）——心里不舒服，痛心；惋惜。

simfouz（心浮）——三心二意；心定不下来，多指学习、工作等方面的不安心。

simdoeg（心毒）——阴险；恶毒。

simnduk（心腐烂）——"nduk"原指物体腐烂，这个词形容人心肠坏，没有良心。

sim'unq（心软）——心软；慈悲。

simsoh（心直）——老实。常用 soh 来形容老实人，不会撒谎。

例：壮语警句

Guh vunz aeu sim soh, hai ruz aeu dox cingq.
　做　人　要　心　诚　开　船　要　舵　正

做人要心诚，开船要舵正。（喻指诚实做人）

告诫人们要老实做人，这样才能得到他人的信任。

人们认为情感以及思维等活动都是从心中产生的，所以壮语中有大量的与"心"组合的合成词。汉语中亦有大量的思想、情感等方面的词以"心"作为偏旁。我们可以从这些构词方式和造字法中，推断出人们的认识观。

第三节　四肢与形容词组合

（一）fwngz（手）+形容词

fwngzlai（手多）——多手多脚；小偷小摸，用于指偷盗行为。
fwngzngaeu（手勾）——小偷小摸，与 fwngzlai 同义。
fwngzhumz（手痒）——多手，东摸西摸。
fwnghau（手白）——两手空空；多用于让别人帮忙却没有任何东西表示感谢之情；或指空着手去别人家做客。壮语成语 fwngz hau guq gaeq 就是这样的说法，意思是空手唤鸡。

例：Mwngz fwngz hau guq gaeq, boulawz ndaej coengh.
　　你　手　白　唤鸡　　谁　　能　帮
你两手空空去求别人，谁会帮你？

（二）ga+形容词

garaez（腿长）——腿长的人跑得快，用于形容行踪不定的人。

人的行为活动主要是通过手和脚来完成的，因此手、脚与形容词组合的词组多指一个人的行为或者能力。

从语言结构来看，以上例子都属于主谓式。但是由于这些词的词义已发展为引申义，表示抽象意义，分析这些词语的内部结构对我们了解词义及词语运用并没有太大帮助，所以着眼点应放在这些词语的外在形象特征上。从造词理据上来看，这些词语大致可以分为四种类型，分别是：

1. 描写身体部位的形状，利用摹状方式形容一个人的能力或者性格特征。如：uklaux（脑大）、gyaeujfoeg（头肿）、baksoem（嘴尖）、

ndaengmoj（鼻胀）、hwetraez（腰长）、fwngzngaeu（手勾）、garaez（腿长）等。

2. 通过对身体部位进行动态描述，生动地反映人的动作、活动能力。如：bakcaeuq（嘴闹）、baklai（嘴多）、fwngzlai（手多）、ndangmbaeu（身子轻）、ndangnaek（身子重）等。

3. 通过描绘身体部位的感觉、生理反映来表达其主观感受。如：gyaeucinx（头痛）、dahoengz（眼红）、hozndat（喉咙热）、sim'in（心痛）、dungxliengz（肚凉）、fwngzhumz（手痒）等。

4. 由客观事物的鲜明特点产生联想，结合人与事物存在的相似点，从物性联系到人，从而使抽象概念变得具体、形象。如：ukgaeuq（脑旧）、bakmwt（嘴钝）、hozndei（喉咙好）、simdoeg（心毒）、simfouz（心浮）、dungxyak（肚坏）等。

那么这些富含形象色彩的壮语形容词是如何产生的呢？从现代人的眼光来看，也许会觉得很荒谬、可笑。但是我们如果能够站在历史的角度来进行客观评价，我们就能理解。因为从壮族人的生活环境以及居住条件来看，壮族属于农耕民族，长期生活在农村或者山区。由于山水阻隔，他们过着封闭式的生活，与外界交流比较少。同时也没有先进的生产技术，对事物的认识大多是凭借经验总结或猜测；没有先进的科学文化，没有医疗设备能解剖人体，研究出大脑是思维的工具、肺是人类的呼吸器官等这些结论。壮族人民就简单地认为人是用肚子来进行思维活动，用脖子来思考问题，因此就出现了 tungxsiengj（肚子想）、hozngeix（脖子想）等这些词语。直到与汉民族深入接触后，壮族人思维的器官增加了，那就是"心和脑"。但是在壮族地区，对"心与脑"的认识与其他民族也是有区别的。在壮族人民朴素的意识中，他们简单地认为人的心脏有好坏之分，人脑有大小之分，有圆尖之分等。头大的人往往被认为是脑多，脑多就比别人聪明；还有一些聪明的人反应快、思维比较敏捷则被认为是因为脑子尖。

词语的形象色彩具有重要作用，它能使抽象的概念变得具体化、形象化、生动化，引起人们的联想，从而使人们获得更加真确的感受。人们较难把握词语的理性意义，但如果该词语的形象色彩比较鲜明，那么看不见摸不着的事物就变得具体、形象，达到可感的目的，进而就容易理解。在语言表达中，运用具有形象意味的词语能使言辞更加形象生动,又富于感染力。比如:壮语中形容人恶毒,可以说 doeg,意思抽象又平淡;如果说 simduk(心腐朽)、dungxnaeuh(肚腐烂),就把人凶狠恶毒的特点形象地表现出来了。古人把愤怒到极点的状态描绘成"怒发冲冠",而壮语中则表述为 heiqroenx(气溢出来)、hozdaengj(脖子竖起),怒气溢出来,气愤得脖子竖起来,把人怒不可遏的状态生动地描绘出来,达到栩栩如生的效果。又比如:壮语形容人笨的时候,用 ngongz、huk 都可以。但是用 ukmwt(脑钝)来形容"笨",就让人联想到钝刀使用起来很不灵活,这样的表述更加生动传神,易于感知,因此具有形象色彩的词语更能突出语言的形象性、生动性。

　　语言不仅是一个民族的外在表现形式,也是民族文化、民族心理、民族思维模式等主要要素的体现。以上这些词语集中体现了壮族语言形象、鲜明的特点,同时也反映了壮族人民较为原始的认知能力和直观形象的思维方式,他们为了满足表达需要,赋予短语新的含义,使这些词语具有特殊的含义。以上这些例词都不是临时借用,而是经过认同后在整个壮民族中广泛普遍地运用,甚至取代原本含义获得主要的地位后成为词语的基本义,所以我们不用再通过逐字翻译来解释词义。其他民族的语言,包括汉语语言的发展也有相似的发展历程。壮族人的形象思维比较发达,善于对身边的事物进行细致观察,习惯把抽象的概念与现实相联系,从而生动传神地表达出来。所以他们在长期的生产实践中创造了一大批富有自己民族特色的词语、谚语等,词语表达方式较为独特,既生动传神又富于形象色彩,反映了壮族人民对外在世界的认知能力以及处世的精神。壮族作为中华民族的重要成员,语言材料中蕴含着非常丰富宝贵的文化内涵,需要我们不断努力地深入探讨才能挖掘出其中的精华。

第六章 壮语身体部位词的词义分析研究

身体部位词汇在整个词汇系统中是占有比较重要的地位的，在斯瓦迪士所认定的 200 个基本词汇中，身体部位词占有很大的比例，达到 31 个之多。壮语身体部位词汇在壮族人民日常交际交流中被广泛用到，了解这些词汇的使用情况，包括用法、意义的变化及变化的原因、条件等，是研究壮语词汇的一个值得深入探讨的领域。

不论在何种语言中，身体部位词一直被作为最基础的词汇来看待。古人在交际中就广泛运用了身体部位词汇，孔子在《系辞下传》中说："古者庖牺氏之王天下也，仰则观象于天，俯则观法于地，观鸟兽之文与地之宜，近取诸身，远取诸物，于是始作八卦，以通神明之德，以类万物之情。"意思是，从自己的身体以及周围环境发生的异常变化来取象，用以进行或大或小的形势判断和结果预测。这说明了身体部位词汇早期已经被应用到了。壮族人对身体部位词汇的使用也是很早的，覃凤余和林亦合著的《壮语地名的语言与文化》提道："gyaeuj 原本是指人或动物的头部，虚化后则表示通名'位置的前方'之义，如：丘歪 Gyaeujvai（丘，头；歪，水坝）、科派 Gyaeujfai（科，头；派，水坝）；bak 原本是人或动物的嘴，虚化后则表示通名'出入口之处'之义，如：白汗 Bakhomq（白，口；汗，烂泥槽）、把索 Baksok（把，口；索，码头）；din 原义是人或动物的脚，虚化后则表示通名'位置的下方'，如：定雷 Dinndoi（定，脚；雷，岭）、吞坡 Dinbo（吞，脚；坡，山坡）。"[1] 这些地名都是原始壮族人民根据地理位置特征、地形方位特点等

---

[1] 覃凤余，林亦. 壮语地名的语言与文化 [M]. 南宁：广西人民出版社，2007：25.

再结合身体部位词汇得出的，充分说明了身体部位词汇的运用是在壮族人民的生活交际当中一个比较广泛的现象。以下将分析14个关于壮语身体部位词汇的词义及使用功能，并举例说明其词义的细微之差别（例子全部是笔者调查所得）。

第一节 精细化的含义

精细化作为现代工业化时代的一个管理概念，最早是由日本的企业在20世纪50年代提出的。被广泛应用于现代高校和企业的管理当中，如陈蓓《高校精细化教学管理研究述评》（《江苏教育学院学报》，2010）、杨显贵与张昌民《精细化管理与大学管理精细化》（《上海管理科学》，2008）、张宝定《企业精细化管理与财务管理精细化》（《当代经济》，2008）、蔡立丰《试论"精细化"理论在高校职业指导工作中的运用》（《湖北社会科学》，2012）、赵长勇《学校精细化管理的内涵及实施策略》（《中国科技信息》，2008）。以上这几篇文章的关键词都包含"精细化"三个字。精细化，顾名思义，就是追求"精"和"细"，是一种意识、一种观念、一种认真的态度、一种精益求精的文化。把管理学的这个概念运用到语言学中，是借助了精细化的要求：精心的态度、精细的过程、实现精品的结果。文章将运用这样的方式对壮语身体部位词进行分析。

第二节 头颈部身体词

头为人之元，观察一个人，首入眼帘的是人的头部及头部的各个器官，如脸型是方是圆，两个眼睛为大为小，鼻子高挺或扁平，嘴巴开阔还是薄小等。颈部是连接头部和身体躯干的重要部位，人之气血也是以颈部为主要通路。壮族人的主要特征之一也是表现在头部——颧骨较高故看起来双眼凹陷、鼻子短且平，颈部较细。壮族关于头颈部的词汇是非常丰富的。

一、脸系列

面,《说文解字》:"颜前也。凡面之属皆从面。弥箭切。"面为脸,脸为人之门面。脸的壮语词汇为 naj,与其相关的词汇意义有:

(1) 脸、面孔:naj nding(脸红)。

(2) 面子:hawj naj 给面子;doek naj 丢脸。

(3) 丢面子。

例:De yienghneix guh hwj gou doeknaj lai.
　　他　这样　做　让　我　丢脸　多
他这样做让我十分丢脸。

(4) 路:naj haeuj ndeu(一路田,插秧时,人是边插秧边倒退着走,在面前所插下的一片秧苗为一路)。

(5) 片:naj haz neix(这一片茅草)。

(6) 块:naj oij haenx(那一块甘蔗地)。

(7) 匹:naj baengz neix(这一匹布)。

(8) 前面:(表事物本身)najdou 门的前面,与之相对的是 laeng dou(门背面),此处是指"门"这个事物,不指门前的事物,指门前事物的词为 bak dou。

举例说明区别:

naj dou:Mwngz bae cawx ceij nding daeuj nem youq naj dou.
　　　　 你　 去 买　 红　 纸　 来　 粘　 在　前门
你去买些红纸来粘在门的前面。(红色被认为是喜庆吉利之色,旧时喜用红纸粘在门上,以图吉利)

bak dou:Sam duzgaeq youq bak dou gwn haeux.
　　　　 三　只鸡　 在 　门 前　吃　米
三只鸡在门口吃米。

(9) 前面:(不表事物本身)naj mbanj(村头;村前)。也可以用 gaeuj mbanj 表达。

例:Naj/gaeuj mbanj miz sam goengq bya.
　　 前/头　 村　有　三　 座　山
村头有三座山。

与之相对的是 laeng mbanj（村后面；村尾）。在不表事物本身之时，可以用 naj、gyaeuj，如 naj mbanj、gyaeuj mbanj。但在用来表示"门前"时，用 bak dou，而不用 naj dou、gyaeuj dou。

（10）将来；前方：（时间性，比较模糊的时间概念，没有明确限定的）ngoenz laeng ngoenz naj 将来，不久之后。

例：Mbouj yungh guh yienghneix duenh, mboujmiz ngoenz laeng ngoenz
　　　没　用　做　这样　毒　没有　日　后　日
naj mboujndei doxraen.
前　没好　想见

没有必要做得这么绝，否则将来不好见面。

（11）微醺、酒刚刚合适：hwnjnaj。

例：Gwn bingzlaeuj neix liux couh hwnjnaj lo.
　　 喝　瓶　酒　这　完　就　上脸　了

喝完这瓶酒，人是微醺的，刚刚合适。

（12）生气：najndaem。

例：Dingqnaeuz meh de mbouj hwj de okbae guh caemz, de majsangq
　　　听说　妈妈他　没　让　他　出　去　玩　他　马上
najndaem.
脸黑

他妈妈不让他出去玩，他马上就生气了。

ndaem，黑；naj ndaem，脸黑。生气时候脸会沉下来，脸色变暗，显为黑色，故用 najndaem 表生气。

（13）害羞：najmong。

例：Lwgnyez neix najmong lai, hwj gijmaz cungj mbouj gamj gwn.
　　　小孩子　这　脸灰　多　给　什么　都　不　敢　吃

这小孩太害羞了，给什么都不敢吃。

mong，灰色；naj mong，脸灰色。不好意思时候表情不自然，脸色成灰白色，故用 najmong 表害羞。

（14）害羞：najnding。

例：Lwgnyez neix deng gangj song gawq couh najnding liux, gaenjgiq
　　　小孩子　这　被　说　两　句　就　脸红　完　急忙

ndojdeuz.

躲起来

这小孩子被夸赞两句就害羞了，急忙躲得远远的。

nding，红；naj nding，脸红。害羞时候脸会变成红色，俗话常说："脸红得像个熟透的番茄。"意思就是指太害羞的结果，故可以用 najnding 表示害羞。najnding 是被夸赞之后才表现出的害羞的样子，而 najmong 则是天生就害羞的状态。

二、头系列

头，《说文解字》："首页，从页，豆声。度侯切。"头乃人之元，用以思考。壮语词汇为 gyaeuj，与其相关的词汇意义有：

（1）头部：gyaeuj get（头疼）。

（2）头疼，操心：gyaeujget。

例：Lwgnyez neix mbouj dingq gangj, hwj buhmeh de gyaeujget raixcaix.
　　小孩子　这　不　听　话　给　爸妈　他　头疼　非常
这小孩不听话，让他父母十分操心。

（3）做头，主要的：guh gyaeuj（做头）。

例：De gezvunh seizhaeuz, bohnaz de guhgyaeuj soengq laex gaeuq laix.
　　他　结婚　　时候　　舅舅　他　做头　送　礼　够　大
他结婚的时候，他舅舅做头送的礼够大了。

还可以用"guh goek"表示做头、做主要的，旧时办喜事之时，组织外家亲戚凑钱送礼的人叫 guh gyaeuj 或是 guh goek。

（4）口，人数：sam gyaeuj vunz（三个人）。

Ciuq gyaeuj vunz faen reihnaz.
　按　　头　　人　分　田地
按人口数分田地。

（5）首领（具有权威的，可发布命令）：gyaeuj yiengz（羊头；羊首领，一般是个头较大、年纪较老的母羊）。

例：Gyaeuj yiengz diuq dat, gyoengq yiengz couh dai.
　　　头　羊　跳　崖　　群　　羊　就　死
羊头跳崖，羊群就活不成了。

羊群只会跟着羊头走，故常有羊头不慎坠崖，羊群不明所以，也跟着跳下去摔死的惨剧。

（6）边角料、碎渣：gyaeuj haeuxyangz（玉米碎渣，经机器或者人工磨过之后，所剩出的一些玉米碎渣）。

例：Gij gyaeuj haeuxyangz neix, aeu yax ndei mboujaeu yax ndei.
　　　 这　头　　玉米　　这要　也得　　不要　也得
这些玉米碎渣，要不要都行。

（7）前面（可出入的、可经过的）：gyaeuj mbanj（村头、村前面，与 naj mbanj 相同）；gyaeuj naz（田头，水可出入）；gyaeuj ranz（房子前，人、牲畜等可经过）。

（8）头（两边都一样，不分首尾）：gyaeuj mae（线头）；gyaeuj cag（绳头）；gyaeuj hanj（扁担头）。

例：Ra ndaej gyaeuj mae cek caiz yungzheih.
　　　找　得　头　线　拆　才　容易
找到线头才容易拆。

此类事物不分首尾，以靠近持有者的部位为头。

（9）顶端，顶部：gyaeuj bya（山的顶部）。

例：Gyaeuj bya neix faex lai raixcaix.
　　　头　山　这　树　多　非常
这座山顶的树很多。

（10）智慧，聪明：gyaeujlaux、gyaeujhung（头大，有智慧，聪明）。

例：Mwngz yawz de gyaeujlaux, doegsaw itdingh leixhaih.
　　　你　看　他　头大　　读书　一定　厉害
你看他这么聪明，读书一定非常厉害。

laux、hung，都是大的意思；gyaeuj laux、gyaeuj hung，脑袋大。壮族人认为脑袋大的人比较聪明，故用 gyaeujlaux、gyaeujhung 表聪明、有智慧。

（11）疯狂，激动：gyaeujndat、gyaeujhuj。

例：Ngoenzneix de gyaeujndat lo, sou bouxlawz gangj couh mboujmiz yungh.
　　　今天　他　头热　了你们　谁　讲　都　没有
用

今天他已经失去理智了，你们谁说都没有用的。

gyaeuj ndat、gyaeuj huj 本义是由生病引起的高烧体热、内热等，连写之后分别变成了词 gyaeujndat、gyaeujhuj，引申为情绪激动、失去理智等。

（12）关键点，要害部位：gyaeuj（头绪）。

例：Gienh saeh neix luenh baenz yienghneix, mwngz ra ndaej gyaeuj coux
　　件　事情　这　乱　成　这样子　　你　找　得到　头　就
yungzheih gaijgez.
容易　　解决

这件事情乱成这样，你只要找到要害部位，就很容易解决。

喻为在一堆杂乱无章的线或绳子中，只要找到了头，就很容易理顺整条线。现在多指在杂乱无章的事情中，只要找到了事情的关键点，就容易把所有的事情都理顺，从而轻而易举地解决问题了。

三、眼系列

眼，《说文解字》："目也，从目，睾声。五限切。"眼睛为心灵之窗，眼观世界，壮语词汇为 da，与其相关的词汇意义有：

（1）眼睛：da。

例：lwgda laux（眼睛大）。

（2）植物长出新芽的地方：da oij（甘蔗眼）。

例：Da oij diengq baihgwnz ndaem caiz baenz.
　　棵甘蔗　顶　　向上　　种　才　成
甘蔗芽朝上才能种活。

（3）关键点，主旨（一般用在文章、问题、事情等）：da。

例：Yawjsaw da ndaej lwgda, coux rungzheih rox gangj gijmaz.
　　看书　　找到　眼睛　就　容易　　知道　说　什么
看书能找到主题，就能很容易理解整本书在说什么。

（4）嫉妒，愤恨：danding、dahoengz、dandat。

例：Mwngz miz cienz youh miz gienz, bouxboux raen coux dahoengz.
　　你　　有　钱　又　有　权　　人人　　见　都　眼红
你有钱又有权，每个人见了都会心生妒忌。

nding、hoengz、ndat 都是红之意，红代表热血，有热血有激情有愤恨，故用 danding、dahoengz、dandat 表嫉妒，甚至因嫉妒而生的愤恨之意。

（5）兴奋（形容看到或听到十分感兴趣的东西或消息）：daheu。

例：De dingnaeuz siusik gangj fuk gauj haeuj yozyau, daheu raixcaix.
　　他　听说　信息　说　恢复考试　进　学校　眼绿　非常
他听说恢复考试这个消息后，十分兴奋。

heu 是绿之意，绿色就是希望的颜色，故可以用 daheu 表示对好消息的兴奋之情。

（6）眼光高，骄傲自负，看不起人：dasang。

例：Ndaekvunz de dasang lai, mboujmiz vunz gyaez dem de gangjvah.
　　块　人　他　眼高　多　没有　人　喜欢　和　他　讲话
他这个人十分骄傲自负，没有人喜欢跟他说话。

sang 为高之意，与 lai（低）相对，dasang 指在跟别人讲话时候眼睛总是向上看，不尊重他人，意译为目中无人，骄傲自负。用"ndaek"来修饰人时，含贬义。壮语常说 ndaek cwz neix（这个和牛一样笨的人）、ndaek ngawz ndeix（这个傻子），这些都是骂人的话。

（7）锐利，准确（指在看问题看事情时候又快又准）：dasoem、daraeh。

例：De daraeh lai, yawj mbatndeu coux rox gizlawz miz vwhdiz.
　　他　眼利　多　看　一次　就　知道　哪里　有　问题
他看东西又快又准，让他看一眼就知道哪里出了问题。

soem 是尖的意思，raeh 是锋利的意思，故可以用 dasoem、daraeh 表示眼力好。

（8）心眼多，眼光毒：dasoem、daraeh。

例：Lwgcaeg neix dasoem lai, gou yocienz youh lajnamh, de yax lij ra
　　小偷　这　眼尖多　我　藏钱　在　地板下　他　也　还　找
ndaej doiq.
得　到

这个小偷心眼真多，我都把钱藏在地板下面了，他都还能找到。

soem 是尖的意思，raeh 是锋利的意思，尖会刺破，利则割伤，dasoem、daraeh 既可以表示褒义的眼力好，也可以表示贬义的心眼多。

四、口系列

口,《说文解字》:"人所以言食也,象形,凡口之属皆从口。苦后切。"口是语言表达的工具,壮语词汇为 bak,与其相关的词汇意义有:

(1)嘴巴:bak mou(猪的嘴巴)。

(2)人口,人数:haj gaiq bak(五个人)。

例:Ranz gou miz haj gaiq bak caj gwn.
　　房子 我 有 五 张 嘴巴 等 吃饭
我家有五个人等着吃饭。

(3)出口处(可进出):bak mbanj(村口);bak naz(田头进出水的地方);bak dou(门口)。

例:Bak mbanj ngoenz miz geijlai vunz haeujok, bouxlawz bae bang mwngz
　　口 村 天 有 很多 人 进出 谁人 去 帮 你
yawj de gvaq mbouj gvaq bae.
看 他 过 没 过 去
村头每天有那么多人进进出出的,谁有空帮你留意他有没有经过?

(4)出口处(只出不进):bak mbouq(泉水的出口处)。

例:Bineix bak mboujraen mboujmiz geijlai bya.
　　今年 口 泉水 没有 多少 鱼
今年泉水的出口处没有多少鱼了。

(5)牙尖嘴利,说话恶毒、刻薄:bakraeh、bakliet、baksoem。

例:Bouxlaux neix bakraeh lai, lwgbawx cungj buet okbae mboujnyienh
　　老人 这 嘴利 多 儿媳妇 都 跑 出去 不愿意
dauqma lo.
回家 了
这个老人嘴巴太毒了,说话都不留情面,儿媳妇跑出去都不愿意回来了。
raeh,锋利;liet,利;soem,尖锐:都是尖利可伤人的,故用 bakraeh、bakliet、baksoem 来表示牙尖嘴利,说话恶毒、不留情面。

(6)藏不住话、为人比较轻浮:bakmbaeu(嘴巴轻)。

例:lwgnyez bakmbaeu, mwngz yax mboujyungh gangj geijlai.
　　小孩子 嘴巴轻 你 也 不用 讲 很多

小孩子藏不住话，你也不能太责怪他。

（7）多嘴，喜欢说三道四，搬弄是非：baklai。

例：Meh neix baklai raixcaix, mboujmiz vunz gyaez de.
　　　女人 这 嘴巴多非常　　没有　　人 喜欢 她
这个女人喜欢说三道四、搬弄是非，没有人喜欢她。

lai，多；bak lai，嘴巴多，译为多嘴，多嘴的人都喜欢说三道四、搬弄是非。

（8）好搬弄是非，讲忌讳的话：bakrwix、bakhaeu。

例：De bakhaeu lai, bouxboux cungj haemz de.
　　　他 嘴巴臭多　人人　　都　恨 他
他总是说一些别人忌讳的话，每个人都恨他。

rwix，坏；haeu，臭；bak rwix，嘴巴坏，嘴里说出的话都是不好的话，所以说是嘴巴坏；bak haeu，嘴巴臭，因为总是讲些令人生厌的、他人忌讳的话，故是嘴巴臭。故可以用 bakrwix、bakhaeu 表示好搬弄是非、讲忌讳的话、不讨人喜欢的意思。

（9）沉默寡言，不善交际，视为没有礼貌：baknaek。

例：De baknaek lai, raennaj yax mboujrox dongx vunz.
　　　他 嘴巴重多 见面　也 不知道 打招呼人
他比较沉默寡言，见了面也不主动打招呼。

naek，重；bak naek，嘴巴重，所以不喜欢开口说话，不善交际，见了人也不主动打招呼，故可以用 baknaek 表示被认为是没有礼貌的表现。

（10）喜欢顶嘴，贫嘴：bak'ak、bakmengx、bakrengz。

例：De bak'ak lai, bouxlawz gangj gijma de cungj yaek hoij geij gawq.
　　　他 嘴巴厉害多， 谁　 说 什么他 都 要 回几句
他总是喜欢顶嘴，无论谁说什么都要顶回几句。

ak、mengx、rengz，都是表示厉害的意思。bak'ak、bakmengx、bakrengz，嘴巴厉害，说明喜欢回嘴。

（11）笨拙（形容不会说话）：bakbamz。

例：De bakbamz lai, bouxlaux cam gijma de cungj gangj mboujrox.
　　　他 嘴巴笨 多 老人家 问 什么他 都 说 不知道
他不会说话，老人家问他什么，他都回答说不知道。

bamz，笨；bak bamz，嘴巴笨。因为脑子不灵光，故不会说话，不

会讨人喜欢，即为不聪明，故可以用 bakbamz 表示笨拙的意思。

（12）苦闷，苦楚（形容有苦说不出）：bakhaemz、bak aj。

例：De guh boux bak aj naengh youh gizhaenx mbouj gangjvah.
　　　他 做 人 嘴巴张着 坐 在 那里 不 讲话
他有苦说不出，只能坐着不说话。

haemz，苦；aj，张着；bak haemz，嘴巴苦，因为有苦说不出，只能含在嘴中，咽放喉头，烂于心中；bak aj，嘴巴张着，受到委屈或者遭人污蔑又不能张嘴讲清楚，只能张嘴不能言明，心里是极苦的。

（13）油嘴滑舌，不正派：bakraeuz、baklauz。

例：De bakraeuz raixsaix, mboujmiz geijlai vunz saenq gvaq de.
　　　他 嘴巴滑 非常 没有 多少 人 信 过 他
他这个人十分油嘴滑舌，没有几个人是相信他的为人的。

raeuz，滑；lauz，动物油，油类是比较滑的。故 bakraeuz、baklauz 都有油嘴滑舌的意思，满嘴跑火车，不值得信任。

（14）会说话：bakdienz。

例：De bakdienz lai, bouxboux cungj gyaez.
　　　他 嘴巴甜 多 人人 都 喜欢
他十分会说话，每个人都喜欢他。

dienz，甜；bak dienz，嘴巴甜，甜味能给人愉悦之情，嘴巴甜，说明会说话，给人感觉舒服。

（15）危险的地方：bakguk。

例：Gizneix dwg bakguk, ndang gou cungj ok hanhheu liux.
　　　这里 是老虎嘴巴身子 我 都 出 冷汗 完了
处于这么危险的地方，我全身都冒冷汗了。

guk，老虎，是山中之王，凶猛无比；bak guk，老虎的嘴巴，老虎的嘴巴是何等凶险的地方，故 bakguk 可以用来比喻十分危险的地方。

（16）符合口味，好吃：habbak。

例：Ngoenzneix byaek habbak raixcaix.
　　　今天 菜 合适嘴巴 非常
今天的饭菜十分可口。

hab，合适，只有合适嘴巴的食物才觉得好吃，故用 habbak 表示符合口味、好吃。

（17）出尔反尔、言而无言：byoujbak。

例：De ciengzseiz byoujbak, mwngz mboujyungz saenq de.
　　　他　经常　　反嘴巴　你　　不能　　相信　他
他经常出尔反尔，你不能相信他。

byouj，翻；byouj bak，翻嘴巴。嘴巴是不可以翻过来的，只能是嘴巴里说出的话能翻过来，故用 byoujbak 表示出尔反尔、言而无信。

（18）口才好：mizbak。

例：De mizbak raixcaix, bouxboux cungj fug de gangj.
　　　他 有嘴巴 非常　　人人　都　服　他 说
他口才真好，每个人都被他说服了。

miz 有；miz bak，有嘴巴，这是字面之意，因嘴里有料，而嘴里有料当然是会说话了，故用 mizbak 表示口才好。

五、鼻系列

鼻，《说文解字》："引气自畀也，从自畀，凡鼻之属皆从鼻。父二切。"鼻子是气进气出之地，壮词词汇为 ndaeng，与其相关的词汇意义有：

（1）鼻子：ndaeng

例：Ndaeng mwngz lwnj ndaeng mou.
你的鼻子像猪鼻子。

（2）扬扬得意：ndaenggyoeng、ndaengmoj、ndaenggon、ndaenggawh、ndaengmboeng。

例：Mbatneix de gauj ndaej daih'it, ndaenggyoeng sam ngoenz lo.
　　　　这次　他考试　得　第一名　鼻子 空　三　天　了
这次考试他得了第一名，扬扬得意了三天，骄傲极了。

gyoeng，空；moj，满；gon，缝隙；gawh，肿；mboeng，松。俗话说过度膨胀就会扬扬自得，骄傲自满，膨胀了就显得外边蓬松，里边空无一物。故用 ndaenggyoeng、ndaengmoj、ndaenggon、ndaenggawh、ndaengmbeng 表示扬扬自得、骄傲自满的样子。

（3）骄傲自负：ndaengndiengq、ndaenggeuh。

例：De bouxvunz neix bingzciengz ndaengndiengq hajmbwn, mwngz
　　　他　人　　这　平时　　鼻子翘　　上天　你

gangj gijmaz de dingh yax mbouj haeuj rwz.

说　什么　他　听　都　不　进　耳朵

他这个人平时就十分骄傲自负，你说的话他是不会听进去的。

ndiengq、geuh，翘；ndaeng ndiengq、ndaeng geuh，鼻子翘，只有在把头抬高的时候，鼻子是往上翘的，说明目中无人、骄傲自负的人经常头抬得很高。故用 ndaengndiengq 和 ndaenggeuh 来表达。

（4）阴险狡诈：ndaengngaeu。

例：De bouxvunz neix ndaengngaeu lai, mwngz mboujyungz dem de guhdoiq.

　　　　他　人　这　鼻子勾　多　你　不能　跟　他　做队

他这个人十分阴险狡诈，你不要跟他为伍。

ngaeu，弯；ndaeng ngaeu，鼻子弯若鹰嘴。壮族人的主要特征之一为鼻子比较扁平，若出现一个鼻子高且弯的人，那么必被认为是外人，而旧时壮族地区比较闭塞，外人进入时大家都起防备之心，认为是坏人。故用 ndaengngaeu 表示阴险狡诈。

（5）嗅觉灵敏：ndaeng moednding。

例：Ndaeng de lunj ndaeng moednding, gizlawz miz heiqhaeu cungj nyouq

　　　鼻子　他　像　鼻子　红蚂蚁　哪里　有　臭气　都　闻

ndaej ok.

得　出

他的鼻子十分灵敏，哪里有臭味都闻得出来。

moednding，红蚂蚁；ndaeng moednding，红蚂蚁的鼻子。红蚂蚁的鼻子十分灵敏，轻易就可以找到食物，故用 ndaeng moednding 表嗅觉灵敏。

六、耳系列

耳，《说文解字》："主听也，象形。凡耳之属皆从耳。而止切。"耳为识别声音的器官，其壮语词汇为 rwz，与其相关的词汇意义有：

（1）耳朵。

例：Rwz douq raez gvaq rwz nou.

　　　耳朵 兔子　长　过　耳朵 老鼠

兔子的耳朵比老鼠的耳朵长。

（2）提子，提手（双边对称的）：rwz rek（锅头的提手）。

例：Rwz rek mboujndaej deng feiz byaeu.
　　耳朵 锅　　不能　　被 火　烧

锅头的提手不能被火烧。

旧时用铁锅、铝锅烧水煮饭，两边提手要竖起来或者是火灶露火苗之处不能对着提手，否则提下来时会烫到手。

（3）提子，提手（单边的）：rwz cenjcaz（茶杯的提手）。

例：Rawz cenjcaz yaek dawz rwz.
　　拿　 杯子　要　拿 耳朵

拿茶杯要拿着提手。

（4）听觉灵敏：rwzraeh

例：De rwzraeh raixcaix, raeuz gangj sing iq baenz yienghneix de cungj
　　他　耳朵 利非常　我们　讲 声音小 成　　这样子　他 都
dingqnyi.
听见

他的听觉很好，我们说得如此小声，他都还能听见。

raeh，锋利；rwz raeh，耳朵锋利。耳朵是不能锋利的，只能是听觉锋利，故可以用 rwzraeh 表耳朵灵敏。

（5）装聋作哑（表听不进他人意见）：rwznuk。

例：De guh boux rwznuk, vunz gangj gijmaz de cungj nyinhnaeuz mbouj
　　　他 做　人　耳朵聋 人　讲　什么 他 都　　认为　　不
doiq.
对

他是听不进去别人意见的，别人说什么他都认为是错的。

nuk，聋；rwz nuk，耳朵聋，即听不见。有时候是故意假装听不见，故 rwznuk 可以引申为装聋作哑，听不进他人的意见。

（6）拖拉（形容做事不够利索）：rwzraez。

例：De rwzraez lai, raeuz mbatmbat cungj deng caj.
　　他 耳朵长 多　我们　　次次　 都　被 等

他做事喜欢拖拖拉拉，每次都要我们等他。

raez，长，用"长"来修饰一样事物时，给人的感觉就是难以企及，总是难以去完成，故可以用 rwzraez 表示拖拖拉拉，不够利索。

（7）入神，陶醉：rwzbi。

例：De rwzbi dwg aenvih cezmuz ndei yawj lai.
　　他 耳朵摆动 是 因为　节目　好　看　多
他那么入神是因为节目太精彩了。

bi，摆动；rwz bi，耳朵摆动。耳朵是不可以摆动的，只有头部在摆动时耳朵跟着转向，只有在极为享受陶醉的情况下才会有这样的动作，故用 rwzbi 来表示十分入神，陶醉于其中。

（8）看得起、看得上：hawj rwz。

例：Saenzcingz youq gizneix, mboujrox hawj rwz mwngz wj?
　　礼品　　　 在　 这里　不知道　 看得上　你　不
礼品就在这里了，不知道你能否看得上。

hawz，上，hawj rwz，上耳朵；因耳（rwz）与眼（da）处于差不多同一水平线上，hawj rwz 就是 haeuj da，haeuj da 就是进入眼睛，意译为看得入眼、看得上。另一解释为，hawj rwz 就是 haeuj rwz，haeuj rwz 是进入耳朵的意思，意思为听得进去，记得下来，放在心中，故可以用 hawj rwz 表示看得上、看得起。

七、颈喉系列

喉，《说文解字》："咽也，从口，侯声。乎钩切。"颈喉部位是连接头首与主体躯干的重要器官，同时也是气血通过之处，壮语词汇为 hoz，与其相关的词汇意义有：

（1）脖子：hoz。

hoz bit（鸭脖子）、hoz gaeq（鸡脖子）

（2）温和，耐心：hozraez、hozswnh。

例：De hozraez raixsaix dingq mwngz naeuz gaq saejhaex neix.
　　他　脖子长　非常　　听　你　说 这说 肠屎　这些
他耐性是真够好的了，一直听你说这些不三不四的。

raez，长；hozraez，脖子长，壮族早期先民认为脖子是思维的工具，脖子长了，火气上得就慢了，故能表耐性好，性格温和，不易生气。swnh，顺；hozswnh 脖子顺，脖子顺了就会心情畅快，也就是不容易生气的人、耐性好的人才有这样的涵养。

（3）野心大，胃口大，性子急：hozlaux、hozhung。

例：Mwnz hozlaux raixsaix, siengj gwn liux gijneix gunghcangj.
　　　　你　脖子大　非常　　想　吃　完　这些　　工厂
你的野心也太大了，想吞并这些工厂。

laux、hung，大；hoz laux、hoz hung，喉咙大，一次就能吞下去很多东西，故可以用 hozlaux、hozhung 喻胃口大、野心大、性子急。

（4）生气，动怒：hozgeab、hozhuj、hozndat、hozhwnj、hozbongz、hozgaek、hozdaengj。

例：Seizneix de hozhwnj raixsaix, mwngz ceiqndei mbouj ndaej bae
　　　　现在　他　脖子上　非常　　你　最好　　不　得　去
dep de.
靠近他

现在他处于十分气愤的状态，你最好不要去靠近他。

gaeb，窄；hoz gaeb，脖子窄，喉咙窄，气顺不上来，堵着，故引申为生气。huj，中医指内热；hoz huj，脖子发热，生气时血气上涌，会感觉喉头发热。ndat，生病时引起的体热；hoz ndat，脖子发热，生气时血气上涌，会感觉喉头发热。hwnj，上；hoz hwnj，脖子上，是生气脖子里的气上涌。gaek，急；hoz gaek，脖子急，是人性子急，急性子的人比较容易动气。bongz，胀；hoz bongz，脖子胀，生气时血气上涌，脖子看起来是膨胀的。daengj，竖；hoz daengj，脖子竖，生气时血气上涌，脖子竖着。故用 hozgeab、hozhuj、hozndat、hozhwnj、hozbongz、hozgaek、hozdaengj 表示生气、动怒的意思。

（5）坏脾气：hozrwix。

例：De bouxvunz neix hozrwix, hozhwnj vaiq lai, mboujndei gangjvah.
　　　　他　人　　这个　脖子坏　脖子上　快　多　　不好　　讲话
他这个人脾气不好，动不动就生气，不好讲话。

rwix，坏；hoz rwix，脖子坏。脖子为气涌之处，此处坏，可视为坏气产生，故可用 hozrwix 指坏脾气。

（6）善良，温和：hozndei。

例：De bouxvunz neix hozndei, coengzlaiz mbouj raen de najndaem doiq vunz.
　　　　他　人　　这个　脖子好　从来　　没有　见他　脸黑　对　人
他这个人十分善良温和，从来没有见他对人发过脾气。

第六章 壮语身体部位词的词义分析研究

ndei，好；hoz ndei，脖子好。因壮族人民旧时有用"hoz"（脖子）、"dungx"（肚子）做思维工具的习惯，与"sim"（心）、"gyaeuj"（头）、"uk"（脑）有相当的作用，故可用 hozndei 表善良温和。

（7）心肠软：hozunq。

例：Meh de hozunq raixsaix, coengzlai mbouj roengzfwngz doiq lwqfangz
　　妈妈 他 脖子软 非常　 从来　 没有　 下手　 对　 小鬼
famhsaeh neix.
犯事　 这个

他妈妈心肠软，从来不责怪这个整天到处闯祸的小鬼。

unq，软；hoz unq，喉咙软。因壮民旧时有用"hoz"（脖子）、"dungx"（肚子）做思维工具的习惯，与"sim"（心）、"gyaeuj"（头）、"uk"（脑）有相当的作用，故用 hozunq 表心肠软。

（8）气消，怒气平息：hozroengz。

例：De hozroengz vaiq lai, mbouj yungh ca vunz nai.
　　他 脖子下　 快 多 没有　 用 等 人 安慰
他的火气平息得快，都不用等别人来安慰。

roengz，下；hoz roengz，脖子下。脖子不可以下，是脖子里面的气下去了，故用 hozroengz 表气消，怒气平息。

（9）坏心眼，心肠不好：hozhaez。

例：De bouxvunz neix hozhaez lai, cungjdwg siengj haihvunz.
　　他　 人　 这个 脖子屎 多 总是　 想　 害人
他这个人心肠不好，总是想着害人。

haez，屎；hoz haez，脖子屎。屎为又臭又坏之物，因壮族人民旧时有用"hoz（脖子）""dungx（肚子）"做思维工具的习惯，与"sim"（心）、"gyaeuj"（头）、"uk"（脑）有相当的作用，心中都是屎，故可以用 hozhaez 表心肠不好。

（10）烦闷，苦闷，郁闷：hoznyap。

例：Raen vunz dwkgiuz de deng yawj saw, hoznyap raixsaix.
　　看到 人 打球 他 被 看 书 脖子郁闷 非常
看到其他人打球他却要看书，他心里烦闷极了。

nyap，苦闷，郁闷；hoz nyap，脖子郁闷。因壮族人民旧时有用"hoz"（脖子）、"dungx"（肚子）做思维工具的习惯，与"sim"（心）、

广西壮语词义及词性关系概论

"gyaeuj"（头）、"uk"（脑）有相当的作用，故可用 hoznyap 表郁闷、烦闷。

（11）羡慕嫉妒：hozhaenz。

例：De hozhaenz mwngz gauj ndaej gvaq de.
　　　他　脖子痒　你　考试　好　过　他
他嫉妒你考试比他厉害。

haenz，痒，指皮肤触及野草而引起的发痒或是吃了没有煮熟的芋头喉咙有痒的感觉；hoz haenz，喉咙痒。因壮族人民旧时有用"hoz"（脖子）、"dungx"（肚子）做思维工具的习惯，与"sim"（心）、"gyaeuj"（头）、"uk"（脑）有相当的作用，故 hozhaenz 可引申为羡慕、嫉妒。

（12）有苦说不出：hozhaemz。

例：Mwngz yawj de yienghneix couh dwg hozhaemz.
　　　你　看　他　样子　这　就　是　脖子苦
你看他那副样子就知道是有苦说不出。

haemz，苦；hoz haemz，喉咙苦。因壮族人民旧时有用"hoz（脖子）""dungx（肚子）"做思维工具的习惯，与"sim（心）""gyaeuj（头）""uk（脑）"有相当的作用，心里苦，那就是有苦说不出了。

（13）性子急，耐性差：hozgaenj

例：Mwngz hozgaenj raixsaix, caz mbouj caengz goenj yax gwn.
　　　你　脖子急　非常　茶水　没有还没有　滚　也　喝
你的性子也太急了，茶水都没有煮开就倒来喝了。

gaenj，急；hoz gaenj，脖子急，因壮族人民旧时有用"hoz"（脖子）、"dungx"（肚子）做思维工具的习惯，与"sim"（心）、"gyaeuj"（头）、"uk"（脑）有相当的作用，故可用 hozgaenj 表性子急、耐性差。

（14）合心意：habhoz。

例：De gangjvah habhoz gou.
　　　他　说话　合脖子　我
他说的话合我心意。

hab，合；hab hoz，合脖子。因壮族人民旧时有用"hoz"（脖子）、"dungx"（肚子）做思维工具的习惯，与"sim"（心）、"gyaeuj"（头）、"uk"（脑）有相当的作用，故可用 habhoz 表合心意。

第三节 躯干、手及内脏身体部位词

躯干是人体的主要部位，心肝脾胃肾等器官都位于该部位。手是感触外部世界的最好工具。在整个壮族的发展历程中，壮族人民所居住的环境比较艰苦，他们大多生活在山隔水阻的山区中，与外界的联系非常少，他们主要耕种水稻，这是推动其向前迈进的重要工具。壮族人民虽身材普遍较矮小，但用其勤劳的双手创造了灿烂的文化。同时也产生了许多与躯干、四肢等有关的词汇，以下逐一列举，并加以例子表达同一身体部位词在不同语境中所表达的不同意义，再简要说明出现该意义的原因。

一、身体系列

身，《说文解字》第 167 页："躬也，象人之身，从人，厂声，凡身之属皆从身。失人切。"身体躯干是人体的主要部位，壮语词汇为 ndang，与其相关的词汇意义有：

（1）身体：ndang cungq（枪身）；ndang ruz（船身）。

（2）害怕：ndangsaenz。

例：Duznou ndangsaenz cungj dwg raenj duzmeuz.
　　　老鼠　身子抖　都　是　见到　猫
老鼠害怕是因为见到了猫。

saenz，抖；ndang saenz，身体发抖。肢体语言能反映人的情绪，害怕时身体是会发抖的，故用 ndangsaenz 表害怕。

（3）灵巧，敏捷：ndangmbaeu。

例：De ndangmbaeu raixsaix, binfaex gig yungzheih.
　　他　身子轻　非常　爬树 非常　容易
他很敏捷，善于爬树。

mbaeu，轻；ndang mbaeu，身体轻。俗话常用"身轻如燕"来比喻灵巧敏捷，可知动作灵巧须有身轻这个条件，故用 ndangmbaeu 表动作灵巧敏捷。

（4）勤劳，勤快：ndangmbaeu。

例：De bouxvunz neix ndangmbaeu, ngoenzngoenz cungj raen de muengz
　　他　人　这个　身子轻　　天天　　都 见 他 忙
ndaw muengz rog.
内　忙　外边

他这个人非常勤劳，每天都看到他忙里忙外的。

由上文可知，ndangmbaeu 有动作灵巧敏捷的意思，因动作轻巧，能比较快速地完成事情，完成的量相较于他人多，给人勤劳之感，故 ndangmbaeu 可以引申为勤劳的意思。

（5）笨拙（表示行动不便）：ndangnaek。

例：De ndangnaek raixsaix, mbouj yungh heuq de byaij bae byaij dauq.
　　他 身子笨重　非常　　不　用 叫 他 走 去 走 来

他行动不便，不用叫他走来走去的。

ndaek，重，笨重；ndangnaek，身体笨重，故行动不便。

（6）懒惰：ndangnaek。

例：De ndangnaek raixsaix, heuh de yax mboujmiz yungh, raeuz gag guh
　　他 身子笨重　非常　　叫 他 也　　没有　　用　我们 自己 做
suenq lo.
算　了

他那么懒，叫也没有用的，我们自己做算了。

由上文知 ndangnaek 表行动不便，故不愿多动，有时候也可以用这个做借口，不愿去做事，故可用 ndangnaek 表懒惰。

（7）着装，穿着：ndangdaemj。

例：Mwngz ndangdaemj neix lumj boux gaujvaq.
　　你　　身子穿　　这个 像　人　乞丐

你穿得像个乞丐一样。

daemj，穿；ndangdaemj，穿在身上，那就是着装了。

（8）前世：ndanggonq。

例：Ndanggonq mwngz mbouj rox guh gvaq gijlai saehndei, seixneix caiq
　　身子前　　你　　不　知道 做 过 多少　好事　　现在　才
bungq raen de.
碰　见 她

不知道你前世修了多少的福气才换得今世与她的相见。

gonq，先前；ndang gonq，先前身体。壮族人民用 ndang 表身世之意，故 ndanggonq 是前世之意。

（9）单身汉：ndangndeu。

例：De dwg ndangndeu, bae gizlawz cungj mboujmiz gijmaz
　　 他 是　身子一个　去　哪里　都　没有　什么
venjdungxvenjsaej.
牵肠挂肚

他就是个单身汉，无论去到哪里都没有值得牵挂的。

ndeu，一，"一"可以理解为"单"，一个就是单个的意思；ndangndeu，一个身体，单身，与汉语的"形单影只"意思相近，故可用 ndangndeu 表单身汉。

（10）怀孕：mizndang、daiqndang。

例：De mizndang gouj ndwen lo, mwngz yax lij hwnj de guh hong couh
　　 她　有身子九　月　了　你　也还　让 她 做农活　就
mbouj hab lo.
没有 合适了

她已经怀孕九个月了，你还让她做农活是不对的。

miz，有；daiq，带；miz ndang，有身体；dai ndang，带身体。怀了小孩才可以说是有身体、带身体。故用 mizndang、daiqndang 表怀孕。

二、背系列

"背"字在《说文解字》中没有收录，与背相关的是"脊"，《说文解字》第258页："背吕也，从仌从肉。资昔切。"背部是人体整体形象的标志：背部开阔表强壮有力，予人安全感；背部佝偻弯曲表体弱多病，给人感觉需要照顾。壮语词汇为 laeng，与其相关的词汇意义有：

（1）背部（有明确限定的，可视可触及的界线）：laeng fwngz（手背）；laeng van（斧头的背面）。

（2）背部，后边（无明确限定的，一般表比较模糊的时间范围）：laeng cin（暮春）；ngoenz laeng ngoenz naj（将来）。

例：Suo gangjvah mbouj yungj gangj duenh lai, mboujmiz ngoenz laeng
　　　你们　说话　没　用　说　绝太多　没有　日子　后
ngoenz naj mboujndei doxraenj.
日子　前　　不好　　相见

你们说话不要讲得那么决绝，否则日后不好相见。

（3）后面（无明确限定的，一般指物）：laeng ranz（房子后面）。

例：laeng ranz miz sam go faex.
　　　房　后　有　三　棵　树

房后有三棵树。

房子后面的所有范围都属 laeng ranz。

（4）后面：laeng byaij（山后面）。

laeng byaij miz sam gaiq naz
　后　山　有　三　块　田

山后有三块田。

（5）屁股：laenghaex。

例：Laenghaex laux baenz loz.
　　　背后屎　　大　成　箩筐

屁股像箩筐一样大。

haex，屎；laeng haex，背后有屎的地方就是屁股。

（6）驼背：laenggoz。

例：Bouxlaux yungzheih laenggoz.
　　　老人家　　容易　背部弯曲

老人家比较容易驼背。

goz，弯曲；laenggoz，背部弯曲，就是驼背之意。

三、肚系列

"肚"字在《说文解字》中没有收录，壮语中"肚"通常与"腹"相通，都为 dungx。腹，《说文解字》第 82 页："厚也，从肉，复声。方六切。"肚子是人体食物主要的消化之地，在壮族人民的思维中，肚子不仅仅是消化食物的地方，同时还具有思考功能。壮语的肚子与胃是相同的表达法，通称为 dungx，与其相关的词汇意义有：

第六章 壮语身体部位词的词义分析研究

（1）肚子，胃：dungx get（肚子疼）。

（2）管：dungxbit（笔管）。

例：Dungx bit cang maeg.
　　　肚　笔　装　墨

笔管装墨水。

bit，笔；dungxbit，笔肚子，装墨水的地方，如人的肚子装食物一样。

（3）歹毒，恶毒（表示为人心眼坏，没良心，不安好心）：dungxnduk、dungxnaeuh、dungxdoeg、dungxyak、dungxrwix。

例：De dungxnaeuh raixsaix, oknyouh haeuj mboqraemx gwn bae.
　　他　肚子坏　非常　　撒尿　进　泉水　吃　去

他这个人太歹毒了，往人们平日饮用的泉水里撒尿。

nduk，腐；naeuh，烂；doeg，毒；yak，恶；rwix，坏：这几个字都有坏之意。壮族人民有用"hoz"（脖子）、"dungx"（肚子）做思维工具的习惯，与"sim"（心）、"gyaeuj"（头）、"uk"（脑）有相当的作用。故可用 dungxnduk、dungxnaeuh、dungxdoeg、dungxyak、dungxrwix、dungxbwn 表坏心眼、没良心、不安好心之意。

（4）伤心，心寒，忧伤：dungxliengz、dungxcaep。

例：De guh caeg hawj bohmeh dungxliengz raixsaix.
　　他 做 贼 让 父母 　肚子凉 非常

他去做贼让他父母十分心寒。

liengz，凉；caep，灰心失望。壮族人民旧时有用"hoz"（脖子）、"dungx"（肚子）做思维工具的习惯，与"sim"（心）、"gyaeuj"（头）、"uk"（脑）有相当的作用。故可用 dungxliengz、dungxcaep 表伤心、心寒、忧伤。

（5）心机，城府：dungxlaeg。

例：De bouxvunz neix dungxlaeg lai, mbouj yungzheih hawj mwngz siengj
　　他 人 这个 肚子深 多 没有 容易 给 你 想

ndaej rox!
得　知道

他这个人城府很深，不容易让人看透。

laeg，深；dungx laeg，肚子深。因壮族人民旧时有用"hoz"（脖子）、"dungx"（肚子）做思维工具的习惯，与"sim"（心）、"gyaeuj"（头）、"uk"（脑）有相当的作用。故 dungxlaeg 可表心机重、城府深。

（6）学问，才能，才学：dungxcaiz、dungxsaej、dungxsaw。

例：De miz dungxsaw, mwngz hawj de bae bang.
　　　他　有　肚子书　　你　让　他 去 帮忙

他很能干，你可以让他过去帮忙。

caiz，才；dungx caiz，肚子里面有才，表有才能、学问。saej，肠，壮族人民有用"saejhaex"表才能、斤两之意的习惯，如：lwgneix miz geijlai saejhaex gou yawj mbatndeu couh rox lo，这小子有（几斤几两）多少才华，我看一眼就知道了。故可用dungxsaej表才能、才学、能力。saw，书，知识学问的代表；dungxsaw，肚子里面有学问，即有才能、才学、学问。

（7）浅薄（形容无真才实学）：dungxfeuz。

例：Dungxfeuz couh roengzrengz doegsaw.
　　　肚子　浅　　就　　努力　　读书

没有真材实料就努力读书。

feuz，浅；dungx feuz，肚子浅。因壮族人民旧时有用"hoz"（脖子）、"dungx"（肚子）做思维工具的习惯，与"sim"（心）、"gyaeuj"（头）、"uk"（脑）有相当的作用。故可表为人浅薄、无真才实学。

（8）无奈，苦楚（表有苦说不出）：dungzhaemz。

例：Mbatneix bouxboux gangj de, de dungxhaemz lai lo.
　　　这次　　　人人　　讲他 他　肚子苦　多了

这次每个人都怪他，他真是无奈极了。

haemz，苦，味苦；dungx haemz，肚子苦。因壮族人民旧时有用"hoz"（脖子）、"dungx"（肚子）做思维工具的习惯，与"sim"（心）、"gyaeuj"（头）、"uk"（脑）有相当的作用。故可表心里苦、无奈、有苦说不出。

（9）肚量小，小气：dungxheb、dungxgaeb。

例：De dungxheb lai, vunz gangj song gawq couh hozhwnj.
　　　他　肚子窄 多　人　说　两　句　就　脖子上

他这人肚量太小了，别人说几句就生气了。

heb、gaeb，窄、小；dungxheb、dungxgaeb，肚子小。俗话说"宰相肚里能撑船"，"肚"即为气量、肚量，故可用dungxheb、dungxgaeb表肚量小、小气之意。

四、心脏系列

心,《说文解字》第 216 页:"人心土藏在身之中,象形,博士说以为火藏,凡心之属皆从心。相即切。"心脏是人体最重要的器官之一,一直以来人们都认为心是思维的工具,壮语词为 sim,与其相关的词汇意义有:

(1) 心: sim va(花蕊);sim ceiz(馍的馅)。

(2) 心痛,心疼: simin、simge。

(3) 好心肠,善良: simndei。

(4) 轻浮(表做事三心二意、不专心):simfouz。

例:De simfouz lai, gou coengzlaiz mbouj cuengqsim hawj de gag bae cawx doenghyiengh.
　　他 心浮 多 我　从来　 没有　 放心　 给他自己去
买　东西

他为人轻浮,做事马虎,我从来不放心让他自己一个人去买东西。

fouz,浮;simfouz,心浮,静不下心做事,表做事三心二意,不专一。

(5) 坏心肠,缺德: simrwix、simndaem、simnduk。

例:Bouxbuenq neix simndaem lai, cienmonz gwn bouxlaux lwgnyez.
　　　小商贩　这个 心 黑 多 专门　 吃 老人　 小孩

这个小商贩太缺德了,专门坑老人小孩。

rwix,坏;sim rwix,心坏,即为缺德。ndaem,黑;simndaem,心黑,即为缺德。nduk,腐烂;sim nduk,心腐烂,即为心坏了,缺德之意。故用 simrwix、simndaem、simnduk 表示缺德,心肠不好。

(6) 高兴,愉快: simhai。

例:Bungq raen saeh ndei couh simhai.
　　 碰　见 事情 好　都　开心

碰上好事就高兴。

hai,开;simhai,心开。俗话说"心花怒放",故可用 simhai 表高兴、愉快的心情。

(7) 高兴,开心,心旷神怡: simsoeng。

例:Dingqnaeuz mdatneix gauj gvaq lo, de simsoeng raixsaix.
　　 听说　 这个　考试过了他　心松　 非常

听说这次的考试通过了，他开心极了。

soeng，松；sim soeng，心松。绷紧的情绪一下子放松下来了，故而才能开心高兴起来。simhai 和 simsoeng 都有开心高兴之意，不同的是 simhai 是自然而然的高兴，而 simsoeng 是在重压消失之后的高兴。

（8）狡诈（表示会算计，不会吃亏）：simlai。

例：De simlai raixsaix, mwngz yienghlawz yax suenq mbouj gvaq de.
　　他　心多　非常　　你　怎么样　也　算　没有　过他
他为人狡诈，无论你怎么算计也不能赢过他的。

lai，多；simlai，心眼多，会算计，喻为狡诈。

（9）提防（心眼多，不吃亏）：simlai。

例：Okdou youqrog simlai mboujmiz loek, mboujbae haih vunz raeuz
　　出门　在外　心多　没有　错　不去　害 人　我们
yax mbouj gwnvei.
也　没有　吃亏

出门在外多个心眼没有错，不去害人自己也不会吃亏。

lai，多，simlai，心眼多，会提防，不会吃亏。

（10）善良，心肠好（有是非曲直不分之意）：simunq。

例：Mbatmbat de guh loek liux couh daej, meh de simunq youh sij mbouj
　　次次　他 做　错 完了　就　哭 妈妈他 心软　又　舍 不
ndaej roengz fwngz.
得　下　手

每次他做错了事情就一直哭，他妈妈就舍不得责骂他。

unq，软；simunq，心软，通常善良的人都比较心软。

（11）狠心（比喻公私分明）：simgeng、simndongj。

例：De couhdwg boux simndongj ndeu, gouz de yax mhoujmiz yungh.
　　他　就是　人　心　硬　一个　求 他也　没有　用
他就是一个公私分明的人，谁去求他都没有用的。

geng、ndongj，硬；铁面无私中的"铁面"就给人硬朗、狠的感觉，故用 simgeng、simndongj 表狠心，比喻公私分明。

（12）烦闷（甚至到生气的程度）：simnyap。

例：Vah mbouj gangj cingcuj, hawj raeuz simnyaq raixsaix.
　　话　没有　讲　清楚　让 我们　心痒　非常

话说到一半却没有说清楚，让我们心头痒痒的，极度郁闷！

nyaq，刺痒（谷物、毛发等物附在身上出现痒的感觉）；simnyaq，心里痒，心头像是有谷物、毛发等物附着，使人极度烦闷。

（13）善良，正直：simsoh。

例：De bouxvunz neix simsoh, mwngz mbouj bae lox de.
　　　他　人　这个　心直　你　不要 去 骗他

他比较善良正直，你不要去骗他。

soh，直；simsoh，心直，不会拐弯，不会多想，比喻善良正直。

（14）心烦意乱，烦躁：simluenh。

例：Dingnaeuz bohmeh ndang mbouj ndei, de simluenh raixsaix, hwjban
　　　听说　父母　身体 没有 好 他 心乱　非常　上班
cungj dwg okloek.
 总　是　出错

听说父母身体不好，他心烦意乱极了，上班时候总是出错。

luenh，乱，杂乱一堆的，无法理清；simluenh，心里乱成一堆，故可说成心烦意乱，烦躁。

五、胆系列

胆，《说文解字》第81页："连肝之府，从肉，詹声。都敢切。"胆为人，俗话常说胆大心细。壮语词为mbei，与其相关的词汇意义有：

（1）胆：mbei。

mbei dwg haemz（胆是苦的）。

（2）胆大：mbeihung、mbeilaux、mbeigeq、mbeifag。

例：Lwgneix mbeilaux raixsaix, gamj gag byaij gvaq gijmeix.
　　　这小子　胆子大　非常　敢 一个人 走　过　这里

这小子胆可真够大的，敢一个人走过这里。

hung、laux，大；mbeihung、mbeilaux，胆大。geq，老，大着老；mbeigeq，胆大。fag，饱满，饱满则大；mbeifag，胆大。

（3）胆小：mbeiiq、mbeinoix、mbeidek、mbeigaeq。

例：Lwgneix mbeigaeq raixsaix, mbouj gamj gag byaij gvaq gijmeix.
　　　这小子　胆子鸡　非常　不　敢 一个人 走过　这里

这小子胆太小了，不敢单独走过这里。

iq，小，mbeiiq，胆小；noix，少，少则小，mbeinoix，胆小；dek，裂，因小而一下就被撑裂了，故 mbeidek 为胆小；gaeq，鸡，壮族人民习惯用 gaeq 表示小，vaiz 表示大，故用 mbeigaeq 表胆小。

六、肠系列

肠，《说文解字》第 82 页："大小肠也，从肉，易声。直良切。"肠子是新陈代谢的重要器官，壮语词为 saej，与其相关的词汇意义有：

（1）肠子：saej、saej gaeq（鸡肠）。

（2）才能，能力：saejhaex。

例：Lwg neix miz geijlai saejhaex gou yawj mbat ndeu couh rox lo.
　　这小子 有 多少　　肠屎 我 看 一　　次　就 知道了
这小子有（几斤几两）多少才华，我看一眼就知道了。

haex，屎；saejhaex，肠子里的屎，用以说明几斤几两，意译为本领、才能、本事。

（3）饥饿：saejhau。

例：Sam ngoenz ngveih haeux couh mbouj roengz dungx, saejhau doek
　　三　天　一粒　米　都　没有　下　肚子 肠子白 到
gwn ndaej mehvai ndeu.
吃　得　母牛　一头

三天粒米未进，现在饿到连一头牛都可以吃下去了。

hau，白；saejhau，肠子白，说明肠子里什么东西都没有了，故表饥饿。

（4）悔恨：saejheu。

例：Mbat neix gauj mbouj senj doiq rox di dapanq, de saejheu raixsaix.
　　次　这考试 没有　选　对 知道的 答案　他 肠子青　非常
这次考试他没有选对知道的答案，他悔恨极了。

heu，青；saej heu，肠子青，俗话常说"悔得肠子都青了"，故用 saejheu 表悔恨。

七、手系列

手，《说文解字》第 251 页："拳也，象形，凡手之属皆从手。书九

切。"手是人体感触外界最好的器官,壮语词为 fwngz,与其相关的词汇意义有:

(1) 手:fwngz。

例:Vunz miz song faj fwngz.
　　　人　有　两　只　手

人有两只手。

(2) 小偷小摸:fwngzlai。

例:Lwg neix lij fwngz lai yienghneix, mbouj rox ngoenz lawz deng
　　小子 这 还 手 多 这样 没有 知道 天 哪 被
moeb dai.
打　死

这小子还这样做小偷小摸的事情,不知道哪天会被打死。

lai,多;fwngzlai,手多,手多了就会拿一些不该拿的东西,故表小偷小摸。

(3) 多手多脚,喜欢乱动:fwngzhumz。

例:Lwg neix fwngzhumz raixsaix, giz neix fan fan giz haenx lumh lumh.
　　小子 这 手痒 非常 这里 翻翻 那里 摸 摸

这小子总喜欢乱动,总是这里翻翻那里摸摸。

humz,痒;fwngzhumz,手痒,喜欢乱抓乱动,故用 fwngzhumz 表多手多脚,喜欢乱动。

(4) 心头痒:fwngzhumz。

例:Yawj song boux lauxgeq neix ning geiz, gou youh henz fwngzhumz lai.
　　看 两 个 老人家 这 下象棋 我 站在旁边 手痒 非常

看着这两个老人在下棋,我在旁边心头痒痒,一直想加入。

humz,痒;fwngzhumz,手痒,手连心,手即为心,故可用 fwngzhumz 表心头痒。

(5) 兄弟:dinfwngz。

例:De dwg dinfwngz mwngz.
　　他 是 　手足 　你

他是你的兄弟。

din,足,脚;dinfwngz,手足。俗话常说兄弟如手足,故用 dinfwngz 指代兄弟。

第七章　壮语身体部位精细化词义及词性的转变研究

不论在何种语言中,身体部位词汇在日常的交际中的使用频率都是非常高的。就我们所熟悉的汉语来说,可谓俯拾皆是,如:"眼前的事情"中的"眼"、"你是个心肠好的人"中的"心肠"、"他是个心狠手辣的人"中的"心、手"、"他对你可谓苦口婆心啊"中的"口、心"等。

随着社会生活的日益丰富,新的事物不断涌现,共同语词汇也在不断发展,只有这样才能满足社会交际的需要。词义的多义的产生主要通过两种方法。第一种方法是创制新词以表达新义。主要是命名,为新出现或者新认识的事物冠以新名,如在我国改革开放过程中,人们将社会经济结构、文化形态和价值观念等发生转变称为"转型",将失去应有的正常状态称为"错位",将新出现的毒品去氧麻黄素称为"冰毒",将新世纪多个国家流行的呼吸道传染病命名为"传染性非典型肺炎",将导致这种疾病的冠状病毒新种命名为"SARS"等,这些都是命名性的造词。命名性造词的特点是本无其词,新造出一个词以供使用,从词汇角度看是从无到有,词汇的绝对数量增加了。

第二种方法即赋予已有词汇新义。如"病毒"一词,原本是生物学、医学指称能够导致疾病的比细菌更小的一些病原体的名称,后来人们用来指称能破坏电脑软件硬件的破坏性程序;"充电"一词,原本指使用工业技术为电池输入电流使之重新获得放电能力,后来喻指人们通过进修学习补充知识提高技能;又如"登陆"一词,原是指军队从水域登上陆地作战的军事用语,后用来喻指商品打入市场或人们通过互联网上网时抵达某个网站;"盲区"一词,原本是指探测机器如雷达、胃镜等探测不到的地方，后来学术上用以喻指没有被认识和注意的地方。这些都是用为已有词汇赋予新义的办法来满足为语言补充新义的需要。这种方法的特点是为原本已有的词汇赋予新义，从词汇的角度看，绝对数量并未增加，但新的意义出现了，所以是从有到有。

词汇多义现象的出现正是这后一种增加新义办法频繁使用层累的结果。因为词汇多义是历时的、一点点积累形成的，这需要一个相当长的过程。最初出现的词总是单义的，它的演变往往缘于人们在使用它的时候的一些临时的变化，如修辞变化。例如，"栋梁"一词，原本单义，指房屋的大梁。《庄子·人世间》："仰而视其细枝，则拳曲而不可以为栋梁。"是其本义。修辞时采用比喻用法，如《后汉书·陈球传》："公为国家栋梁，倾危不持，焉用彼相邪？"用"栋梁"喻指担负主要责任者。这种用法开始只是临时修辞，久而久之固定下来，现在，"担负主要责任者"就成为"栋梁"的一个固定意义。

由前文可以看出，壮语身体部位词汇在壮族日常交际中的使用情况是十分频繁的，这是壮语交流的一大特色。每个词在经过语义精细化之后，都出现了多个义项解释，并附于具体的语境加以解释。有些义项与该身体词汇的原义相同或相近，从字面就可以看出来；而有些义项是在原义基础上的引申义，需要加例子及其说明出现该意义的原因，且有些义项在解释之后，词性也跟着改变了。以下将利用表格统计的方法具体列举每个身体词的原义及引申义，并在表尾总结原义及引申义的数量与每个义项出现词性的转变，具体转变为何种词。

第一节 头颈部类身体词的词义及词性的转变

一、脸（naj）部系列

脸（naj）原义及直接引申的义项	（1）脸、面孔：naj nding，脸红； （2）面子：hwj naj，给面子； （3）前面（表事物本身）：najdou，门的前面、前面； （4）前面（不表事物本身）：naj mbanj 村头、村前

脸（naj）原义间接引申的义项	（5）路：naj haeuj ndeu，一路田； （6）片：naj haz neix，这一片茅草； （7）块：naj oij haenx，那一块甘蔗地； （8）匹：naj baengz neix，这一匹布； （9）将来，前方（时间性）：ngoenzlaeng ngoenznaj，将来，不久之后； （10）微醺：laeuj hwnjnaj，酒到微醺的程度； （11）生气：najndaem； （12）害羞：najmong； （13）害羞：najnding

从表中可以看出，脸（naj）系列身体部位词在语义精细化之后，原义及直接引申的义项有4个，间接引申的义项有9个。

词性转变为动词是义项（10）；形容词是义项（4）、（12）、（13）；量词是义项（5）、（6）、（7）、（8）；时间副词是义项（9）。

精细化过程：原义是脸、面庞的义项有（1）、（2），由脸是处于人体前部，可引申出义项（3）、（4）、（9），作为量词的义项有（5）、（6）、（7）、（8），情绪变化通过面容表现的义项有（11）、（12）、（13），酒醉与否通常也通过脸色表现的义项有（10）。

二、头（gyaeuj）部系列

头（gyaeuj）原义及直接引申的义项	（1）头部：gyaeuj get，头疼； （2）前面（可出入的、可经过的）：gyaeuj mbanj，村头、村前面； （3）头（两边都一样，不分首位）：gyaeuj mae，线头
头（gyaeuj）原义间接引申的义项	（4）操心：gyaeujget； （5）主要的：gu gyaeuj； （6）口，人数：sam gyaeuj vunz，三个人； （7）首领，具有权威的，可发布命令的：gyaeuj yiengz； （8）边角料：gyaeuj haeuxyangz； （9）顶端，顶部：gyaeuj bya； （10）智慧，聪明：gyaeujlaux、gyaeujhung； （11）疯狂，激动：gyaeuj ndat； （12）关键点，要害部位：gyaeuj

从表中可以看出，头（gyaeuj）系列身体部位词语义精细化之后，原义及直接引申的义项有3个，间接引申的义项有9个。

词性转变为动词的义项是（4）；形容词义项是（11）；量词是（6）。

精细化过程：原义是头的义项有（1）、（2）、（3），做量词的义项有（6），头处于人体最高层的义项有（9），头是人的主要器官的义项

（5）、（7）、（12），头作为思维器官的义项有（4）、（10）、（11），人头部引申到植物果实的义项有（8）。

三、眼（da）部系列

眼（da）原义及直接引申的义项	（1）眼睛：lwgda laux，眼睛大；
眼（da）原义间接引申的义项	（2）指植物长出新芽的地方：da oij； （3）关键点，主旨：da； （4）嫉妒，愤恨：danding、dahoengz、dandat； （5）非常兴奋，十分感兴趣：daheu； （6）骄傲自负，看不起人：dasang； （7）眼睛锐利，看问题看事情又快又准确：dasoem、daraeh； （8）心眼多，眼光毒：dasoem、daraeh

从表中可以看出，眼睛（da）系列身体部位词的语义精细化之后，原义及直接引申的义项有1个，间接引申的义项有7个。

词性转变为动词的是（4）；形容词的是（6）、（7）、（8）。

精细化过程：原义眼睛的义项有（1），引申到植物眼睛的义项有（2），眼睛处于身体关键部位的义项有（3），从眼中可知道情绪变化的义项有（4）、（5）、（6）、（7）、（8）。

四、口（bak）部系列

口（bak）原义及直接引申的义项	（1）嘴巴：bak mou，猪的嘴巴； （2）人口，人数：haj gaiq bak，五个人； （3）出口处（可进出）：bak mbanj，村口； （4）出口处（只出不进）：bak mbouq，泉水的出口处
口（bak）原义间接引申的义项	（5）牙尖嘴利，恶毒、刻薄：bakraeh、bakliet、baksoem； （6）藏不住话、为人轻浮：bakmbaeu； （7）多嘴，喜欢说三道四、搬弄是非：baklai； （8）搬弄是非，讲忌讳的话：bakrwix、bakhaau； （9）沉默寡言，不善交际，视为没有礼貌：baknaek； （10）喜欢顶嘴、贫嘴：bakak、bakmengx、bakrengz； （11）笨拙（不会说话）：bakbamz； （12）苦闷（形容有苦说不出）：bakhaemz、bakaj； （13）油嘴滑舌，不正派：bakraeuz、baklauz； （14）讨人喜欢、会说话：bakdiemz； （15）比喻危险的地方：bakguk； （16）符合口味，美味：habbak； （17）出尔反尔，言而无信：byonjbak； （18）口才好；才华横溢：mizbak

从表中可以看出，口（bak）系列的身体部位词在语义精细化之后，原义及直接引申的义项有 4 个，间接引申的义项有 14 个。

词性转变为形容词的是（5）、（6）、（7）、（8）、（9）、（10）、（11）、（12）、（13）、（14）、（17）。

精细化过程：原义嘴巴、口的义项有（1）、（3）、（4），从人嘴推及动物嘴巴的义项有（15），一人一张嘴，故作修饰人数的量词的义项有（2），话从口出，从话语可窥视人的品格、才华、能力的义项有（5）、（6）、（7）、（8）、（9）、（10）、（11）、（12）、（13）、（14）、（17）、（18），嘴中有舌，舌可辨味的义项有（16）。

五、鼻（ndaeng）部系列

鼻（ndaeng）原义及直接引申的义项	（1）鼻子：ndaeng
鼻（ndaeng）原义间接引申的义项	（2）扬扬得意：ndaenggyoeng、ndaengmoj、ndaenggon、ndaenggawh、ndaengmboeng； （3）骄傲自负：ndaengndiengq； （4）阴险、狡诈：ndaengngaeu； （5）嗅觉灵敏：ndaengmoednding

从表格中可以看出，鼻（ndaeng）系列的身体部位词在语义精细化之后，原义及直接引申的义项有 1 个，间接引申的义项有 4 个。

词性转变为形容词的是（2）、（3）、（4）、（5）。

精细化过程：原义鼻子的义项有（1），可引申至动物昆虫的鼻子的义项有（5），鼻孔出气，气息强弱可辨情绪变化的义项有（2），鼻孔朝向可知态度的义项有（3），壮族先民认为鼻子形状可形容人品的义项有（4）。

六、耳（rwz）部系列

耳（rwz）原义及直接引申的义项	（1）耳朵：rwz
耳（rwz）原义间接引申的义项	（2）提子，提手（双边对称的）：rwz rek； （3）提子，提手（单边的）：rwz cenjcaz； （4）听觉灵敏：rwzraeh； （5）装聋作哑（表听不进他人意见）：rwznuk； （6）拖拉（形容做事不够利索）：rwzraez； （7）入神，陶醉：rwzbi

从表格中可以看出,耳(rwz)系列的身体部位词在语义精细化之后,原义及直接引申的义项有 1 个,间接引申的义项有 6 个。

词性转变成形容词的是(4)、(5)、(6)。

精细化过程:原义耳朵的义项有(1),可引申至容器形似耳朵的提手的义项有(2)、(3),耳为听觉,可引出的义项有(4)、(5)、(6)、(7)。

七、喉(hoz)部系列

喉(hoz)原义及直接引申的义项	(1)脖子:hoz bit,鸭脖子
喉(hoz)原义间接引申的义项	(2)温和,耐心:hozraez、hozswnh; (3)野心大,胃口大,性子急:hozlaux、hozhung; (4)生气,动怒:hozgeab、hozhuj、hozndat、hozhwnj、hozbongz、hozgaek、hozdaengj; (5)坏脾气: hozrwix; (6)善良,温和:hozndei; (7)心肠软:hozunq; (8)气消,怒气平息:hozroengz; (9)坏心眼,心肠不好:hozhaex; (10)烦闷,苦闷,郁闷:hoznyap; (11)羡慕嫉妒:hozhaenz; (12)苦恼(有苦说不出):hozhaemz; (13)性子急,耐性差:hozgaenj; (14)合心意:habhoz

从表格中可以看出,喉(hoz)系列的身体部位词在语义精细化之后,原义及直接引申的义项有 1 个,间接引申的义项有 13 个。

所有义项词性都转变成形容词。

精细化过程:原义脖子、喉咙的义项有(1),壮民有以喉咙(hoz)作为思维工具的习惯,具有头(gyaeuj)和心(sim)的功用,故可引出的义项有(2)、(3)、(4)、(5)、(6)、(7)、(8)、(9)、(10)、(11)、(12)、(13)、(14)。

第二节　躯干、手部及内脏部位词的词义及词性的转变

一、身体（ndang）部系列

身体（ndang）原义及直接引申的义项	（1）身体：ndang cungq，枪身
身体（ndang）原义间接引申的义项	（2）害怕：ndangsaenz； （3）灵巧，敏捷：ndangmbaeu； （4）勤奋、勤快：ndangmbaeu； （5）笨拙（表示行动不便）：ndangnaek； （6）懒惰：ndangnaek； （7）着装、穿着：ndangdaemj； （8）前世：ndanggonq； （9）单身汉：ndangndeu； （10）怀孕：mizndang、daiqndang

从表格中可以看出，身（ndang）系列的身体部位词在语义精细化之后，原义及直接引申的义项有1个，间接引申的义项有9个。

词性转变成动词的义项是（2）、（10）；形容词的义项是（3）、（4）、（5）、（6）。

精细化过程：原义身体的义项有（1）（8）（9）（10），身体动作的表现的义项有（2）、（3）、5（5），再由义项（3）引出义项（4），由义项（5）引出义项（6），穿着的义项有（7）。

二、背（laeng）部身体词

背（laeng）原义及直接引申的义项	（1）背部（有明确限定的，可视可触及的界线）：laeng fwngz，手背； （2）背部，后边（无明确限定的，一般表比较模糊的时间范围）：laeng cin，暮春，ngoenz laeng ngoenz naj，将来； （3）后面（无明确限定的，一般指物）：laeng ranz，房子后面； （4）后面（事物的前后位置是由人所处的位置决定的，无特定面为前后位置）：laeng byaij，山后面
背（laeng）原义间接引申的义项	（5）屁股：laenghaex； （6）驼背：laenggoz

从表格中可以看出，背（laeng）系列的身体部位词在语义精细化之

后,原义及直接引申的义项有 4 个,间接引申的义项有 2 个。

词性没有转变。

精细化过程:原义背的义项有(1),背处于人体后边的义项有(2)、(3)、(4)、(5),驼背可由背部形状表现的义项有(6)。

三、肚(dungx)部系列

肚(dungx)原义及直接引申的义项	(1)肚子,胃:dungx get,肚子疼 (2)管:dungxbit,笔管
肚(dungx)原义间接引申的义项	(3)歹毒,恶毒(表示为人没良心,不安好心):dungxndwk、dungxnaeuh、dungxdoeg、dungxyak、dungxrwix、dungxbwn; (4)伤心,心凉,忧伤:dungxliengz、dungxcaep; (5)心机,城府:dungxlaeg; (6)学问,才能,才学:dungxcaiz、dungxsaej、dungxsaw; (7)浅薄(表无真才实学):dungxfeuz; (8)无奈,苦楚(表有苦说不出):dungxzhaemz; (9)肚量小,小气:dungxheb、dungxgaeb

从表格中可以看出,肚(dungx)系列的身体部位词在语义精细化之后,原义及直接引申的义项有 2 个,间接引申的义项有 7 个。

词性转变成形容词的是(3)、(4)、(7)、(8)、(9)。

精细化过程:原义肚子、胃的义项有(1),由人的肚子引申到其他事物上的义项有(2),由于壮民把肚子也当作思维的工具,故可以引出的义项有(3)、(4)、(5)、(6)、(7)、(8)、(9)。

四、心(sim)部系列

心(sim)原义及直接引申的义项	(1)心:sim va,花蕊; (2)心痛,心疼:simin、simget; (3)好心肠,善良:simndei
心(sim)原义间接引申的义项	(4)轻浮(表做事三心二意、不专心):simfouz; (5)坏心肠,缺德:simrwix、simndaem、simnduk、simbwn; (6)高兴,愉快:smhai; (7)高兴,开心,心旷神怡:simsoeng; (8)狡诈(会算计,不会吃亏):simlai; (9)提防(心眼多,不吃亏):simlai; (10)善良,心肠好(有是非曲直不分之意):simunq; (11)狠心,公私分明:simgeng、simndong; (12)烦闷(甚至到生气的程度):simnyap; (13)善良,正直:simsoh; (14)心烦意乱,烦躁:simluenh

从表格中可以看出，心（sim）系列的身体部位词在语义精细化之后，原义及直接引申的义项有 3 个，间接引申的义项有 11 个。

词性都转变成形容词。

精细化过程：原义心的义项有（1）、（2）、（3），通过心知道为人的义项有（4）、（5）、（8）、（9）、（10）、（13），通过心知道情绪的变化的义项有（6）、（7）、（12）、（14）。

五、胆（mbei）部系列

胆（mbei）原义及 直接引申的义项	（1）胆：mbei dwg haemz，胆是苦的； （2）胆大：mbeihung、mbeilaux、mbeigeq、mbeifag； （3）胆小：mbeiiq、mbeinoix、mbeidek、mbeigaeq
胆（mbei）原义间接 引申的义项	

从表格中可以看出，胆（mbei）系列的身体部位词在语义精细化之后，原义及直接引申的义项有 3 个，没有间接引申的义项。

精细化过程：原义胆的义项有（1）、（2）、（3）。

六、肠（saej）部系列

肠（saej）原义及直接 引申的义项	（1）肠子：saej gaeq，鸡肠
肠（saej）原义间接 引申的义项	（2）才能，能力：saejhaex； （3）饥饿：saejhau； （4）悔恨：saejheu

从表格中可以看出，肠（saej）系列的身体部位词在语义精细化之后，原义及直接引申的义项有 1 个，间接引申的义项有 3 个。

词性转变成形容词的义项是（3）、（4）。

精细化过程：原义肠子的义项有（1），肠子颜色表饥饿的义项有（3），借助汉语的表达的义项有（4），壮民表达才能的习惯用法的义项有（2）。

七、手（fwngz）部系列

手（fwngz）原义及 直接引申的义项	（1）手：Vunz miz song faj fwngz，人有两只手
手（fwngz）原义间接 引申的义项	（2）小偷小摸：fwngzlai； （3）多手多脚，乱动：fwngzhumz； （4）心痒：fwngzhumz； （5）兄弟：dinfwngz

从表格中可以看出，手（fwngz）系列的身体部位词在语义精细化之后，原义及直接引申的义项有1个，间接引申的义项有4个。

词性转变成形容词性的义项有（2）、（3）、（4）。

精细化过程：原义手的义项有（1），由手的动作引申出的义项有（3）、（4），壮语习惯表达法的义项有（2），借助汉语的表达的义项有（5）。

第八章　壮语身体部位词词义精细化的规律研究

壮语身体部位词的词义由不同的词与词结合，放在不同的语言环境中，表现出来不同的意义。每个壮语身体部位词的解释得看具体的应用。可以看出，一语多义的现象十分普遍。夏立新曾说过："一语多义脱离一个形式对应一个意义的理想模式，使语义出现模糊和歧义，语言中一词多义、同形异义等现象比比皆是，这是语言的基本属性之一，正是这一属性使人们可以借助有限的词汇和支配词汇的规则生成和理解无限多的从来未听说的语句。"[①] 从第六章、第七章可以看出，壮语身体部位词的一词多义现象十分常见。这里称为精细化，以下来讨论出现词义精细化的规律特点。

第一节　词和短语之间的转换

黄伯荣、廖序东合著的《现代汉语》中指出："词汇又称为语汇，是一种语言里所有的（或特定范围内的）词和固定短语的总和，分为语素、词和固定短语三种单位。这里主要是讨论词，词可以分为词和短语，词是语言中最小的能够独立运用的有音有义单位。'独立运用'是指能够单说（单独成句）或者单用（单独做句法成分或者单独起语法作

---

① 夏立新．谈多义词的词义辨析和处理［C］//中国辞书学会双语词典专业委员会．中国辞书学会双语词典专业委员会第6届年会暨学术研讨会论文专辑．广东外语外贸大学，2005：3．

用)。短语是由词逐层组成的语言单位,和词一样也表示一定的意义,也是造句成分,可以单用,多数可以单说。但短语不是'最小的'能够独立运用的单位。它是可以分离的,中间往往能插入别的成分(即'扩展'),而词是不能分离的,分离之后就不代表原来的意思了。例如'开关'作为一种电器名称,是一个词,在'我在这里买了一个开关'这个句子里,它是作为一个整体来运用的,如果分开,例如'这种开和关都很自由','开、关'成了表示动作的两个词,同合在一起所表示的意义就不同了。同理,'骑兵'不能扩展,是一个词,'骑马'可以扩展为'骑了一匹马'便是短语。'头痛',在'这件事,我很头痛'中不能扩展,是一个词,在'我今天头痛'中,可以扩展为'我今天头真痛'便是短语。这种区别词和短语的方法叫扩展法,或者叫插入法,可以用'的''得''和'等词做试剂。例如偏正结构'冰箱'不是'冰的箱子','热心'不是'热的心',都是词;补充式的'指正'不是'指得正','改进'不是'改得进';联合式的'子女'不是'子和女','买卖'不是'又买又卖'。它们都只是词,不是短语。还有一种离合词,如'洗澡''理发''出来',合起来算一个词,分开用时如'我洗了个澡''我这个月理了两次发''大家拿出课本来',算两个词。"[1]

关于区别词和短语,倪立民在《语言学概论》中用拆分法来说明,例如:

A:她的美难以用笔墨来形容。

B:他的桌子上笔墨纸砚四宝齐全。

以上两个句子都有"笔墨"一词。A中"笔墨"指代"文字"。如果对其进行拆分,就变成"笔"和"墨"两种文具,失去了"文字"这个意思,则A句难以理解,故不能对其进行进一步的拆分,因此A句中的"笔墨"是一个词。B句中的"笔墨"与"纸砚"并称文房四宝,都是文具,可以拆分为"笔"和"墨"两个最小的能独立运用的词,而整句表达意思不变,因此B中的"笔墨"是一个词组[2]。

由以上的词和词组的转换可以得到不同意思,在壮语身体部位词的词

---

[1] 黄伯荣,廖序东. 现代汉语:上册 [M]. 北京:高等教育出版社,2007:218-219.

[2] 倪立民. 语言学概论 [M]. 杭州:浙江大学出版社,2001:143.

义解析中也用到这样的方式。如 fwngz lai（手多）、gyaeuj get（头疼）等，这里都是字面意思，若放在另一语境中，转换为词，则有别的深义。例如：

  Lwgneix lij fwngzlai yienghneix, mbouj rox ngoenz lawz deng moeb dai.
   这小子 还 手多 这样   不知道 天 哪 被 打 死
  这小子还是这样手脚不干净，不知道哪天会被打死。

这里的 fwngzlai 已经由原来的词组转换成了词，不可拆分，表"手脚不干净、小偷小摸行为"。

  Lwgnyez neix mbouj dingjgangj, buhmeh de gyaeujget raixcaix.
   小孩 这 没 听讲   父母 他 头疼 非常
  这小孩不听话，令他父母操碎了心。

这里的 gyaeujget 已经由原来的词组转换成了词，不可拆分，表"令人操心"。

  除了以上两个例子之外，文章中还提到了许多，列举如下：

  naj nding，脸红。是生病或剧烈运动之后脸色发热的状态，可拆分为 naj（脸）+nding（红），拆分之后各表示的意义与在短语中指代的意义不变。转变为词之后写为 najnding，表示害羞，不好意思。已经是能够独立运用的最小的语言单位，不可拆分。

  gyaeuj ndat、gyaeuj huj，头热。是生病时引起的高烧体热、内热等，通过试探脑袋热度可以感知，可分别拆分为 gyaeuj（头）+ndat（热）、gyaeuj（头）+huj（热），拆分之后各表示的意义与在短语中指代的意义不变。转变为词之后分别写为 gyaeujndat、gyaeujhuj，表示情绪十分激动，甚至达到了失去理智的状态。已经是能够独立运用的最小的语言单位，不可拆分。

  da nding，眼红。是长时间熬夜或者是潜在水中后眼中布满血丝的状态，可拆分为 da（眼睛）+nding（红），拆分之后各表示的意义与在短语中指代的意义不变。转变为词之后写为 da'nding，表示嫉妒、愤恨之情。已经是能够独立运用的最小的语言单位，不可拆分。

  bak haeuj，嘴巴臭，口臭。是食用了大蒜等食物之后不及时做口腔清洁或者内热引起的上火而出现的口腔呼出气体有难闻的异味，可拆分为 bak（嘴巴、口）+haeuj（臭），拆分之后各表示的意义与在短语中指代的意义不变。转变为词之后写为 bakhaeuj，表示好搬弄是非、讲忌讳的话、不讨人喜欢的意思。已经是能够独立运用的最小的语言单位，不可拆分。

bak haemz，嘴巴苦。是指吃了比较苦涩的食物或者生病时进药太多出现的嘴巴苦的感觉，可拆分为 bak（嘴巴）+haemz（苦），拆分之后表示的意义与在短语中指代的意义不变。转变为词之后写为 bakhaemz，表示苦闷、内心苦楚，如同哑巴吃黄连，有苦说不出，只能往心中咽。已经是能够独立运用的最小的语言单位，不可拆分。

hoz haenz，喉咙痒。是指吃了不成熟的水果（芭蕉、柿子等）或者没有煮熟的芋头之后引起喉头痒的感觉，可拆分为 hoz（喉咙）+haenz（痒），拆分之后各表示的意义与在短语中指代的意义不变。转变为词之后写为 hozhaenz，表示羡慕嫉妒之情。已经是能够独立运用的最小的语言单位，不可拆分。

ndang saenz，身子发抖。是指气温低而保暖措施不够或者是生病引起的发冷现象，可拆分为 ndang（身子）+saenz（发抖），拆分之后各表示的意义与在短语中指代的意义不变。转变为词之后写为 ndangsaenz，表示处于十分害怕、异常恐惧的状态。已经是能够独立运用的最小的语言单位，不可拆分。

ndang mbaeu，身子轻。是指身体单薄，体重较轻，可拆分为 ndang（身子）+mbaeu（轻），拆分之后各表示的意义与在短语中指代的意义不变。转变为词之后写为 ndangmbaeu，表示身体灵巧，动作敏捷，也可以用来形容一个人十分勤劳。已经是能够独立运用的最小的语言单位，不可拆分。

ndang naek，身子重。是指体积庞大，体重大，可拆分为 ndang（身子）+naek（重），拆分之后各表示的意义与在短语中指代的意义不变。转变为词之后写为 ndangnaek，表示行动不便，也可以指一个人十分懒惰。已经是能够独立运用的最小的语言单位，不可拆分。

第二节　不同语境的使用

倪立民有言："语义必须适应于语境，语义随着语境的变化而变化，这是语义变化的基本规律。"① 童山东曾说过："语境研究成为多学科共

---

① 倪立民. 语言学概论［M］. 杭州：浙江大学出版社，2001：135.

同关注的论题，从语境中研究语言的意义成为现代语言学发展的价值取向，这并非学者们的一时醒悟。"① 关于语境的提出，笔者比较认同李尔钢在其《词义与辞典释义》中的论述："一般认为，虽然德国数理逻辑学家弗雷格1884年在其《算数基础》一书中就已经提出了必须在句子联系中解释词语这一被后人称为语境原则的观念，但是语境学说的确立还归功于现代语言学派伦敦学派。这个学派的创始人弗斯的两大学说之一，就是根据语境来寻求词语的意义。弗斯的理论深受维特根斯坦'词的意义就是它的用法'和'只有在命题的语境中，名称才有意义'等观点的影响，而前面我们也提到，对他影响更深的是与他同在伦敦大学执教的人类学家马林诺夫斯基。马林诺夫斯基提出了'情境中的上下文'（context of culture）和情境语境（contex of situation），在此基础上，弗斯在他的《社会中的个性和语言》（1950）中又进一步将语境归结为由语言因素构成的'上下文'和由非语言因素构成的'情境的上下文'两类，提出了'意义＝上下文语境中的功能'（meaning=function in context）这一语义公式，要求将语境作为语言分析的一个重要层次来对待。而在词的定义的问题上，弗斯认为'词的意义就体现在它以什么与别的词为伍'，强调离开了语境就很难确切地掌握词义。"②

对于由语言因素构成的"上下文"和非语言因素构成的"情境的上下文"这两种语境的区别，张志公有十分浅近的说明："所谓语言环境，也就是说话和听话时的场合以及话的前言后语。此外，大至一个时代、社会的性质和特点，小至交际双方个人的情况，如文化修养、知识水平、生活经验、语言风格和方言基础等，也是一种语言环境。与现实的语言环境相比，这两种语言环境可以称为广义的语言环境。"③他的这种认识，特别是对于语言因素的上下文对语义的影响更加直接的看法，是语言学界比较有代表性的观点。

对于语境，中国古则有之。我国古代学者已意识到了上下文语境对于确定词语意义的作用。《周礼·秋官·小行人》："若国札丧，则令赗补

---

① 童山东. 语境及语义研究历史演进的方法论意义 [J]. 河南师范大学学报（哲学社会科学版），1998（4）：1-6.

② 李尔钢. 词义与辞典释义 [M]. 上海：上海辞书出版社，2006：181-182.

③ 张志公. 现代汉语 [M]. 北京：人民教育出版社，1982：213-214.

第八章 壮语身体部位词词义精细化的规律研究

之；若国凶荒，则令赒委之；若国师役，则令槁禬之；若国有福事，则令庆贺之；若国有祸灾，则令哀吊之。"唐贾公彦疏："此一经据上下文皆据诸侯国，此文虽皆单言'国'，亦据诸侯而言。"意思是，根据《周礼》这部书的上下文，这里提到的几个"国"字应该都是指"诸侯国"。

根据所处语境的不同，相同的一个词汇可表现出不同的意义。在实际的壮语身体部位词的使用中，是要根据具体语境来解释该词的具体义项的，每个词义都是排他的，如果在语境中是 A 意义，那么就不能是 B 意义。如 simlai、dareah，分别放在例子中说明：

Simlai（心多）：

① De bunxvunz neix simlai raixcaix, mwngz yienghlawz suenq yax suenq
　　他 个人　　这　心多　非常　　你　　怎么样　算　也　算
mbouj gvaq de.
不　过　他

他这个人非常狡猾，你怎么算也赢不了他的。

这里的"simlai"是"狡猾、会算计"的意思，含贬义。

② Okdou youq roq simlai mboujmiz loek, mbouj bae haih vunz raeuz yax
　　出门　在　外　心多　　没有　错　　不　去　害　人 我们 也
mbouj gwnvei.
不　吃亏

出门在外多个心眼是没有错的，不去害人自己也不会吃亏。

这里的"simlai"是"防人之心"的意思，含中性的感情色彩。区别于①例的"狡猾、会算计"的义项。

Daraeh（眼睛利）：

① De daraeh lai, yawj mbatndeu coux rox gizlawz miz vwndiz.
　　他 眼睛利 多　看　一次　　就　知道　哪里　有　问题

他的眼光十分独到，只要看一眼就知道哪里出了问题。

这里"daraeh"是"眼光独到，看问题又快又准"之意，含褒义的感情色彩。

② Lwg caeg neix daraeh lai, gou yo cienz youh lajnamh, de yah lij rax
　　小　偷　这 眼睛利 多 我 藏　钱　在　地下　他 也 还 找
ndei doiq.
得　到

这个小偷心眼真多,我把钱藏在地板下面了,他都还能找到。

这里的"daraeh"是"心眼多"之意,含贬义的感情色彩。

以上两个词"simlai""daraeh"在不同语境中所表现出来的含义,充分说明了词的意义随着语境的变化而不同,语境决定着语词的意义。很多词汇的实际意义如果脱离了它们通常所出现的具体语境,就很难精确地表达出来,这说明了语境对确定词义的重要性。我们甚至可以说,一个词汇单位只有在它所出现的具体语境中才具有不同的含义。壮语身体部位词的语境精细化分析也是需要根据具体的语境变化才能清晰地表现出来的。除了以上举例的两个词之外,还有以下这些词前文也提到过:

ndangmbaeu(身体轻):可以是动作灵巧、敏捷之意,放在另一语境中可以形容一个人十分勤快。

ndangnaek(身体重):可以是指动作笨拙,放在另一语境中指懒惰。

fwngzhumz(手痒):可以指一个人多手多脚、喜欢乱动,不讲礼貌的表现,换一个语境之后指心头痒,有一种欲罢不能的感觉。

第三节 借助汉语相关的表达方式

壮语词汇借助汉语来表达是十分常见的现象。韦景云和覃晓航在《壮语通论》中提道:"早在先秦时期,壮汉两族人民就有了密切的往来,民族的往来必然导致语言间的相互影响。壮语在汉语的长期影响下,吸收了大量的汉语词。如今,在现代壮语中,有关日常生活的汉语借词出现的频率一般在50%左右,涉及文教、时事、政治内容的汉语借词多达90%以上,而有关现代科学、技术、政治、经济、文化等方面的新词术语则几乎全部借自汉语。就是一些日常生活用品的名称和某些动词、形容词等也有不少是从汉语里吸收的。"[1]

壮语与汉语关系密切。壮族与汉族人民之间的交往具有悠久的历史,自秦朝开始,一直到现在没有真正意义上的中断。壮族一直都是一个积极吸收学习外族先进文化的开放民族。在吸收学习汉族先进文化的

---

[1] 韦景云,覃晓航. 壮语通论[M]. 北京:中央民族大学出版社,2007:150.

时候，就不断吸收了诸多汉语词汇，同时学习采纳了汉语部分表达交流的方式，这是现代壮语与汉语有许多共同之处的主要原因。文章所使用的语言材料地区民族聚居众多，人口杂居，不同民族间的通婚等现象繁多。多语言的使用十分广泛，壮语、西南官话、普通话、仫佬语等都出现在民众的日常生活交流中，故在壮语中也掺杂了其他语言现象是不足为奇的。由于汉族在该区是作为大民族存在的，汉语自然而然成为一种强势语言。壮族人民在日常交际过程中通常有意或无意地被不同程度地汉化，就连那些最基础的身体部位词汇也不可避免，在身体部位词的意义精细化中，借助汉语来表达成了一个十分普遍的现象。例如：

① Saejheu：肠子青，比喻十分后悔。

Mbat neix gauj mbouj senj doiq rox di dapanq, de saejheu raixsaix.
次　这　考试　没有　选　对　知道的　答案　他 肠子青　非常
这次考试他没有选对已知道的答案，他十分悔恨。

此处是借助汉语俗语的"悔得肠子都青了"来表达的。

② dungxheb、dungxgaeb：肚量小，小气。

De dungxheb lai, vunz gangj song gawq couh hozhwnj.
他　肚子窄　多　人　讲　两　句　就　喉上
他这人肚量太小了，别人说几句就生气了。

heb、gaeb，窄、小；dungxheb、dungxgaeb，肚子小，汉语常说"宰相肚里能撑船"，"肚"即为气量、肚量。

③ dingfwngz：手足兄弟。

Din fwngz
足　手
手足（手足喻指亲兄弟）

De dwg dinfwngz mwngz
他　是　脚手　你
他是你手足（喻指他是你亲兄弟）

以上所列举的三种方式是解决壮语身体部位词在语义精细化过程中出现的一语多义现象所常用的。壮语词汇语义精细化的这些特点，反映了壮民直观、感性的思维方式。出现这样的表达方式，一个主要原因就是壮族人民一直生活在闭塞的环境中，山隔水阻的自然条件限制了壮族人民与其他民族的交流，同时也限制了壮族人民对客观事物的认识，都是以近身出发去认识世界，用一些比较常见的词汇来表达自身对外界的认识，未能形成从具体到概括、从表象到本质、从局部到整体的系统认识，同时这也是壮语表达方式的一大特色所在。

可以说，在壮族人民日常交往交流之中，这样的表达方式是司空见惯的。要了解壮族文化及壮族人民的思维方式，对壮语身体部位词义进行精细化解读是一个值得一试的方法。

通过以上对壮语词义精细化解析——具体对身体部位词汇的解读，可以得出以下结论：

1. 壮语身体部位词汇在日常交际中如同汉语一样使用率是非常高的，且都具有隐喻的特征——把人类已知的、具体的、熟悉的范畴概念投射到抽象的范畴概念中。

2. 词义转变的一大特征，几乎在所有的身体部位词汇中，词义在经过隐喻的方式引申之后，整个壮语身体词汇的表达意义从原来单调简单变得丰富形象起来。

3. 词性的改变，由原来表示身体部位的名词，转变为动词、形容词、量词等。转变之后可以是具有褒贬色彩特征的词汇，可以是形容情绪变化的词汇，也可以是描绘人的品格好坏的词汇。

4. 壮语词义精细化解析具有一定的规律特点，主要通过词与短语的相互转变、不同语境变化和借助汉语的表达三种方法来完成。

第九章 壮泰语的状语类型以及标志词的比较研究

壮语与泰语同属汉藏语系,并且都属于侗傣语族。因此,这两种语言在语法结构、语序等方面存在诸多的相似点,两者的基本语序相似,都是 SVO 型语言,即按照"主语—谓语—宾语"的顺序排列句子的基本语序。但这两种语言处于不同的国度,它们在语法结构、具体的语序以及词语分类等方面存在一定的差异。壮泰语的状语也不例外,它们既有相同点,也有不同之处,现就这两种语言的状语类型和标志词两大方面进行比较研究。

第一节 壮泰语的状语类型

(一)壮语的状语类型

壮语的状语类型划分与汉语的划分相似,壮语的状语是附着在谓语性中心语上的成分。中心语的性质同样决定着状语的性质,因此,可将状语分成修饰性状语与限制性状语。

1. 修饰性状语

修饰性状语主要是对动作的大致情况进行修饰,或对动作者行动的情态进行修饰描写,包括动作者的姿态、表情、心情等。常用形容性词语来充当。

例如：（1）Daeggo［laeglemx］deuz lo.
　　　　　哥哥　　悄悄　　离开了

哥哥［悄悄地］离开了。（修饰动作）

（2）De［siengsim dwk］daej.
　　　他　　伤心　地　　哭着

他［伤心地］哭着。（修饰描写动作者的情态）

2.限制性状语

限制性状语主要是从范围、处所、时间、对象、数量、程度、目的、手段等方面对中心语进行限制，由副词、介词短语、时间词语、处所词语等成分来充当。

例如：（1）Gyoengq lingjdauj［cungj］bae haihoih lo.
　　　　　们　领导　　都　去　开会　了

领导们［都］去开会了。（表范围）

（2）De［daj Nanzningz］daeuj.
　　　他　从　南宁　　来

他［从南宁］来。（表处所）

（3）Dahyingz［ngoenzlwenz］bae baekging lo.
　　　莹　　　昨天　　　去　北京　　了

莹［昨天］去了北京。（表时间）

（4）Siujmingz［gaenq］daeuj gvaq.
　　　小明　　　曾经　来　过

小明［曾经］来过。（表时间）

（5）De baeg［raixcaix］.
　　　他　累　特别

他［特别］累。（表程度）

（6）［Vih aen gya neix］daxboh vut bae haujlai doxgaiq.
　　　为了 个 家 这　父亲　丢 掉　好多　东西

父亲［为了这个家］做出了牺牲。（表目的）

（二）泰语的状语类型

泰语中的状语可分为修饰或限定性状语和评注性状语。

1. 修饰或限定性状语

泰语中的状语往往是对动词、形容词或主谓结构进行限定或修饰的成分，说明对象、目标、程度、状态、结果、时间、处所等。通常所说的状语都是这一类。

例如：（1）น้องชาย［กับ　พ่อ］ไปเที่ยว　แล้ว
　　　　　弟弟　　跟　爸爸　去玩　　了
弟弟［跟爸爸］去玩了。（表对象）

（2）ดอกไม้［สวยงาม　มาก］
　　　花　　　美　　　很
花［很美］。（表程度）

（3）เขา　อ่าน　หนังสือ［อย่าง　จริงจัง］
　　　她　　读　　书　　　地　　　认真
她［认真地］读书。（表状态）

（4）เขา　［อ่าน］　หนังสือ　เล่มนี้　［หมด］
　　　他　　读　　　书　　　把这本　完
他把这本书［读完了］。（表结果）

（5）［ตอนเช้า］　ฉัน　ตื่นนอน　［ตอน 7 โมง］
　　　早上　　　我　　起床　　　七点
我［早上七点］起床。（表时间）

由例（2）中的"สวยงาม　มาก（美　很）"、例（3）中的"อย่าง　จริงจัง（地　认真）"可以看出修饰语放在中心语之后。壮语与泰语最明显的区别就是修饰语与中心语的语序不同，壮语一般把修饰语置于中心语之前，而泰语则把修饰语放在中心语之后。

2. 评注性状语

评注性状语是对句子进行整体性评说，其状语所在位置很灵活，可以放在句首，也可以在句子中间或句子的末尾。

例如：（1）［ปกติ］　　เช้าตรู่　เขา　ก็　ตื่นนอน　แล้ว
　　　　　平常　　　一大早　她　就　起床　　　了
［平常］她一大早就起床了。

（2）[ปกติ]　คน　　ทีนี　ไม่ชอบ　กิน　อาหารหวาน
　　　　一般　　的人　这里　不喜欢　　吃　　甜食
这里的人[一般]不喜欢吃甜食。

（3）คน　ที　โน่น　[ส่วนใหญ่]　ไม　ชอบ　ร้องเพลง
　　　人　在那里　　一般　　　不　喜欢　　唱歌
那里的人[一般]不喜欢唱歌。

（4）คนจีน　เป็น　คนที่มีน้ำใจ　[ปกติ]
　　　中国人　　是　　友好的人　　一般来说
[一般来说]，中国人很友好。

泰语的评注性状语无论是在句首、句中还是句尾，句子的基本含义不变。但状语在句中被强调的程度是有区别的。状语在句首时，强调最甚，在句中时次之，在句末最次。

（三）壮泰语状语类型的异同

壮语的划分与汉语相似，都是根据与中心语的意义关系，将状语分为修饰性状语与限制性状语。修饰性状语是修饰、描写动作者的情态，或描写动作者行动时的情态。限制性状语是从范围、处所、时间、对象、数量、程度、目的、手段等方面对中心语进行限制。

泰语中的状语划分为修饰或限定性状语与评注性状语。修饰或限定性状语是对动词、形容词或主谓结构进行修饰、限定，它与中心语的位置是固定的。评注性状语，就是评注整个句子，位置灵活，相当于插入语，可以在句首，也可以在句中或句末。

可见，壮语中的状语被划分为修饰性状语与限制性状语。而在泰语中，则将修饰性状语、限制性状语合并为修饰或限定性状语，又根据状语的位置的灵活性，划分出评注性状语这一类。总之，壮泰语的状语分类相互之间有交叉。

1. 壮语：De [nyinhcaen] doegsaw.
　　　　 她　　认真　　　读书
她[认真地]读书。

泰语：เขา　อ่าน　หนังสือ　[อย่าง　จริงจัง]
　　　 她　　读　　　书　　地　　认真
她[认真地]读书。

2. 壮语：Gou［gyanghaet caet diemj］hwnj.
　　　　我　　早上　　七　点　　起床
我［早上七点］起床。

泰语：［ตอนเช้า］ฉัน　ตื่นนอน　［ตอน 7 โมง］
　　　　早上　　我　　起床　　　七点
我［早上七点］起床。

3. 壮语：Vunz gizneix［ciengzbaez］mbouj haengj gwn doxgaiqvan.
　　　　人　这里的　　一般　　　不　喜欢　吃　甜食
这里的人［一般］不喜欢吃甜食。

泰语：［ปกติ］　คน　ที่นี่　ไม่ชอบ　กิน　อาหารหวาน
　　　　一般　的人　这里　不喜欢　吃　　甜食
这里的人［一般］不喜欢吃甜食。

由此可见，例1中的状语"认真地"，壮语为nyinhcaen，是修饰性状语；泰语的 อย่าง จริงจัง 则是修饰、限制性状语。例2中"早上七点"为状语，壮语的 gyanghaet caet diemj 是限制性状语；泰语的 ตอนเช้า（早上）ตอน 7 โมง（七点）为修饰或限定性状语。例3中"一般"是状语，壮语表述为 ciengzbaez；泰语的 ปกติ 则被划分为评注性状语。

虽然壮语、泰语中状语的分类不同，但两种语言的状语功能是相似的，都是从范围、处所、时间、对象、数量、程度、目的、手段等方面对中心语进行修饰或者限制。

第二节　壮泰语状语的标志词

（一）壮语状语的标志词

汉语中有结构助词"地"作为状语的标记。在壮语中，也有一个状语的标记"dwk（地）"，同样是放在名词、名词短语、形容词或形容词短语等词语的后面。与汉语的"地"不同，状语中形容词状语修饰中心语时，如果状语是修饰动作者表情、情绪，表示一种心理状态的，一般要用"dwk（地）"连接形容词与中心语；其他情况下，形容词一般直接与中心语结合。

例如：（1）De ［daekeiq dwk］naeuz.
　　　　　他　　得意　地　　说

他［得意地］说。（表示动作者一种心理状态）

（2）de ［angq dwk］riu.
　　　他　开心　地　笑着

他［开心地］笑着。（表示动作者一种心理状态）

（3）Gou ［nyinhcaen］guh saeh.
　　　我　　认真　　　做事

我［认真地］做事。

（4）Gyoengqde ［laeglemx］byaijhaeuj ndaw rueg.
　　　他们　　　　悄悄　　　走进　　里面　卧室

他们［悄悄地］走进卧室。

（5）De ［bingzan］ma daengz ranz lo.
　　　他　平安　　回　到　　家　了

他［平安地］回到了家。

（二）泰语状语的标志词

泰语里也有与壮语的结构助词"地"相似的状语标志词，如"ด้วย" "โดย"和"อย่าง"。它们在状语的前面，是状语的标记。根据充当状语的词的性质不同，这三个标志词可引导不同的状语成分。

1."อย่าง"主要是前引形容词、形容词短语或动词短语充当状语，是状语的一个比较明显的标志。

例如：（1）เขา　พูด　　［อย่าง　เสียใจ］
　　　　　他　　说　　　地　　伤心

他［伤心地］说。

（2）ฉัน　เดินเข้า　ห้อง　［อย่าง　ค่อยๆ］
　　　我　　进　　房间　　地　　悄悄

我［悄悄地］走进房间。

（3）ฉัน　พูด　［อย่าง　ไม่พอใจ］
　　　我　　说　　地　　不满意

我［不满意地］说。

（4）เธอ จากกัน [อย่าง เสียดาย มาก]
　　　她　　离开　　地　　遗憾　　非常
她[非常遗憾地]离开。

2."ด้วย"作为状语时，一般是放在名词或名词短语前，表示一种心理状态。

例如：（1）เธอ ปรบมือ [ด้วย ความ มสุข]
　　　　　她　　鼓掌　　地　　开心
她[开心地]鼓掌。

（2）เขา ยิ้ม [ด้วย ความ พอใจ]
　　　他　　笑　　地　　满意
他[满意地]笑了。

（3）คน ถาม เธอ [ด้วย ความ แปลกใจ]
　　　人们　问　她　　地　　奇怪
人们[奇怪地]问她。

ด้วย 后接的是名词，因此形容词前面要加上 ความ 让形容词变成名词，再与 ด้วย 结合。

3."โดย"前引名词、形容词或者形容词短语作为状语时，表示动作的状态或者方式。

例如：（1）เขา กลับ บ้าน [โดย ปลอดภัย] แล้ว
　　　　　他　　回　　家　　地　　安全　　　了
他[平安地]回到了家。

（2）เธอ วิ่งออกไป จากบ้าน [โดย เร็ว]
　　　她　　跑出去　　从家里　　地　　迅速
她[迅速地]从家里跑出去。

（3）เขา เขียน [โดย ไม่ตั้งใจ]
　　　他　　写　　地　　不认真
他[没有认真地]写。

以上这三个泰语的状语标志词在用法上可以交叉，它们在有的句子中可以替换而意思不变，有的却不能替换。

（三）壮泰语状语标志词的异同

1. 代词作为状语

壮语与泰语中的代词用作状语时都不使用标志词。

例如：（1）壮语：Raeuz [baenzlawz] bae?
　　　　　　　　我们　　怎样　　去

我们[怎样]去？

泰语：พวกเรา　จะไป　[อย่างไร]
　　　我们　　去　　怎样

我们[怎样]去？

（2）壮语：Mwngz [baenzneix] guh mbouj deng.
　　　　　你　　这样　　做　不　对

你[这样]做不对。

泰语：คุณ　ทำ　[อย่างนี้]　ไม่ถูก
　　　你　做　这样　　　不对

你[这样]做不对。

2. 副词作为状语

在壮语和泰语中，副词作为状语时都不用状语标志词。

例如：（1）壮语：De [gaenq] bae Yeznamz gvaq.
　　　　　　　她　曾经　去　越南　　过

她[曾经]去过越南。

泰语：เขา　[เคยไป]　เวียดนาม
　　　她　曾经去过　越南

她[曾经]去过越南。

（2）壮语：De [ngamq] deuz.
　　　　　他　刚　　走

他[刚]走。

泰语：เขา　[เพิ่ง]　ไป
　　　他　刚　　走

他[刚]走。

3. 时间词作为状语

时间名词或者表时间的短语，在壮、泰语中做状语时都不用标志词。
例如：（1）壮语：［Bimoq］ de yaek bae Daigoz guhhongh.
　　　　　　　　　明年　　她　要　去　泰国　　工作
［明年］她要去泰国工作。

泰语：［ปีหน้า］　　เขา　ต้อง　ไป　ทำงาน　ทีประเทศไทย
　　　　明年　　　她　　要　　去　　工作　　　泰国
［明年］她要去泰国工作。

（2）壮语：［Ndwenneix satlaeng］raeuz yaek bae henz haij guhcaemz.
　　　　　　这个月　　底　　我们　要　去　边　海　玩
［这个月底］我们要去海边玩。

泰语：［สิ้นเดือนนี้］　พวกเรา　ต้องไป　　เทียวทะเล
　　　　这个月底　　　我们　　　要去　　　海边玩
［这个月底］我们要去海边玩。

4. 介词短语作为状语

在壮语和泰语中，介词短语作为状语时都不用标志词。
例如：（1）壮语：Gou［youq ndaw gyausiz］yawj saw.
　　　　　　　　　我　在　里面　教室　　看　书
我［在教室］看书。

泰语：ฉัน　　อ่านหนังสือ　［อยู่ที่　　ห้องเรียน］
　　　我　　　看书　　　　　在　　　　教室
我［在教室］看书。

（2）壮语：Gou moixngoenz［riengz daxmeh］bae diuqfoux.
　　　　　　　我　　每天　　　跟　　妈妈　　去　跳舞
我每天［跟妈妈］去跳舞。

泰语：ฉัน　ไป　　เต้นรำ　［กับ　　แม่］　ทุกวัน
　　　我　去　　跳舞　　　跟　　妈妈　　每天
我每天［跟妈妈］去跳舞。

5. 数量短语作为状语

在壮语和泰语中，数量短语作为状语时都不用标志词。

例如：（1）壮语：Boux vunz neix［baez daih'it］daeuj nanzningz.
　　　　　　　　个　人　这　次　第一　　来　南宁
这个人［第一次］来南宁。

泰语：คนนี้　　มา　หนานหนิง［เป็นครั้งแรก］
　　　这个人　来　南宁　　　第一次
这个人［第一次］来南宁。

（2）壮语：Sou［sam boux sam boux］haeujdaeuj.
　　　　　　你们　三　个　三　个　　　进来
你们［三个三个地］进来。

泰语：คุณ　เข้าไป　［ทีละสามคน］
　　　你们　进来　　每三个
你们［三个三个地］进来。

（3）壮语：Gou doeg［baez youh baez］.
　　　　　　我　读　遍　又　遍
我［一遍一遍地读］。

泰语：ฉัน　อ่าน　［มา ครั้งแล้วครั้งเล่า］
　　　我　读　　　一遍一遍
我［一遍一遍地读］。

6. 形容词或形容词短语作为状语

壮语中，形容词或形容词短语做状语时，如果是表示动作者心理状态的，一般要在形容词或形容词短语的后面加上"dwk（地）"这个标志词；在泰语中，形容词或形容词短语作为状语时，一般要在状语的前面用标志词。

例如：（1）壮语：Gyoengqde cingq［angq dwk］guhcaemz.
　　　　　　　　他们　　正在　高兴　地　玩耍
他们正［高高兴兴地］玩。

De［gikdoengh dwk］daej.
她［激动地］哭着。
她　激动　地　哭着
（2）泰语：เขา　กำลัง　เล่น　［อย่าง　สนุกสนาน］
　　　　　他们　正在　玩　地　高高兴兴
他们正［高高兴兴地］玩。
เรา　นั่ง　อยู่　บน　สนามหญ้า　［อย่าง　เงียบและสบายใจ］
我们　坐　在　上　草坪　地　安静舒服
我们［安静舒服地］坐在草坪上。

壮、泰语形容词或形容词短语做状语时还有另一种情况。壮语中，形容词或形容词短语做状语时，除了对动作者的心理状态的描写，其他情况下，一般不用标志词"dwk（地）"；在泰语中，个别形容词如"ษน" "รีบ" "ดังใจ"等可以直接放在中心语前面作为状语，这样就不用标志词了。

例如：（1）壮语：Mwngz　wnggai［roengzrengz］bae yozsiz.
　　　　　　　　你　应该　努力　去　学习
你应该［努力地］学习。
Mwngz［vaiq］bae Bangunghciz.
　你　赶快　去　办公室
你［赶快］去办公室。
Seiz hwnjdangz, lauxsae［nyinhcaen］son.
　时　上课　　老师　　认真　教
上课时老师［认真地］教。
（2）泰语：คุณ　ควร　［ษน］　เรียน
　　　　　你　应该　努力　学习
你应该［努力地］学习。
คุณ　［รีบ］　ไป　ห้องทำงาน
你　赶快　去　办公室
你［赶快］去办公室。
ในชั่วโมงเรียน　อาจารย์　［ดังใจ］　สอน
在上课时间　　老师　　认真　　教
上课时老师［认真地］教。

以上的"ต้องใจ"和"ษขน"其实可以放在中心词的后面作为状语,但必须用标志词。

7. 能愿动词或动词短语作为状语

(1) 能愿动词作为状语

壮、泰语中的能愿动词做状语时都不用标志词。

例如: ① 壮语:Mwngz [itdingh] aeu nyinhcaen doegsaw.
　　　　　　　你　　必须　　要　认真　　读书
你[必须]认真学习。

泰语:เธอ　[ต้อง]　ตั้งใจ　เรียน
　　　你　　必须　　认真　　学习
你[必须]认真学习。

② 壮语:De [gojnaengz] bae Yeznamz lienhguh.
　　　　他　可能　　去　越南　　实习
他[可能]去越南实习。

泰语:เขา　[อาจจะ]　ไป　ฝึกงาน　ที่ประเทศเวียดนาม
　　　他　　可能　　去　　实习　　　越南
他[可能]去越南实习。

(2) 动词短语作为状语

动词短语作为状语时,壮语中的状语如果是表示动作者的一种心理状态的,就要用"dwk(地)",其他情况不用标志词;泰语的动词短语作为状语时,要用状语标志词。

例如: ① 壮语:De [gig miz yinxdaeuz dwk] cam.
　　　　　　　他　很　有　兴趣　地　问
他[很感兴趣地]问。

泰语:เขา　ถาม　[สนใจ　อย่างมาก]
　　　他　问　　感兴趣　地很
他[很感兴趣地]问。

② 壮语:De ndwn youq gizhaenx [di hix mbouj doengh].
　　　　她　站　在　那里　一点儿也　不　动
她[一动不动地]站在那里。

泰语：เขา　　ยืนอยู่　　ตรงนั้น　[อย่าง　　ไม่ขยับ]
　　　她　　站在　　那里　　地　　一动不动
她［一动不动地］站在那里。

从以上的对比分析可以看出，壮语与泰语的状语标志词的使用有相同之处，也有一定的差异。

在壮语和泰语中，代词、副词、时间词、介词短语、数量短语以及能愿动词做状语时都不用状语标志词。这是壮、泰语的状语标志词的相同之处。

壮语与泰语的状语标志词有两个不同点：第一，壮语中的形容词或形容词短语作为状语时，如果是表示动作者心理状态的，就用状语标志词，其他情况则不用；而泰语的形容词或形容词短语做状语时，除了个别形容词可直接放在中心语的前面外，其他的都要用状语标志词。第二，壮语中的动词短语做状语时，除了表示动作者的一种心理状态的情况要用标志词，一般不用状语标志词；泰语的动词短语作为状语时，则要用标志词。

第十章　壮汉语序比较及壮汉双语教学建议

　　壮族地区的学生受特定语言环境的影响，在日常交流及写作中，经常出现合乎壮语思维方式而不符合汉语思维习惯的句子，突出表现为句子中常夹有壮语词汇或语法句式，如"先走""鸡蛋""公鸡""红的妈妈"分别写成"走先""蛋鸡""鸡公""妈红"之类的汉语病句。造成这种现象的一个很重要的原因是壮族学生未能真正掌握壮汉语序的基本规律。因此，壮汉语序问题是壮汉双语教学中的难点。本书拟以壮汉语序比较为切入点，对壮汉双语教学问题进行理性探讨。

第一节　壮汉语序类型比较

　　壮语属于汉藏语系壮侗语族壮傣语支。其语法结构中的主、谓、宾的语序和汉语基本一致，两种语言多是 SVO 型语言。但对于一些特殊句式，其定、状、补语的语序却略有不同。在壮汉语教学过程中，教师要善于运用比较法对壮汉两种语言进行对比分析，才能更容易看出语序的不同，从而加深学生的印象，进而促使其更好地学习。壮汉语序类型的比较大致可列举如下。

　　（1）壮语与汉语语法的最大区别在于壮语在表示修饰关系的名词性短语的语序上与汉语相反。如：

汉语	壮语	
猪肉	noh 肉	mou 猪
水桶	doengj 桶	raemx 水

汉语	壮语	
鸡蛋	gyaeq 蛋	gaeq 鸡
菜刀	cax 刀	byaek 菜

（2）壮语中指示代词修饰名词、量词、时间时，壮语指示代词与汉语相反，指示代词放在中心词之后。如：

汉语	壮语	
这人	boux 人	neix 这
这只	du 只	neix 这
那棵	go 棵	mwnq 那
哪个人	boux 个	vunz lawz 人 哪

（3）壮语指示代词修饰数量词、数量名词短语时，壮语的语序是"数+量+名+指"句式，而汉语语序则为"指+数+量+名"结构。如：

汉语	壮语			
这五只鸡	haj 五	duz 只	gaeq 鸡	neix 这
这两本书	song 两	bonj 本	saw 书	neix 这
哪两斤肉	song 两	gaen 斤	noh 肉	lawz 哪
那三张凳子	sam 三	aen 张	daengq 凳子	mwnq 那

（4）壮语的数量名词结构语序与基数词有关。当数词为"一"时，壮语的数量名结构语序为"量词+名词+一"结构。如：

汉语	壮语		
一担水	rap 担	raemx 水	ndeu 一
一桶米	doengj 桶	haeux 米	ndeu 一
一箱衣服	sieng 箱	buh 衣服	ndeu 一
一班人	ban 班	vunz 人	ndeu 一

（5）当数词为"二"以上时，数量名词的语序和汉语语序一致。如：

汉语	壮语		
三村人	sam 三	mbanj 村	vunz 人
两家人	song 两	ranz 家	vunz 人
两只羊	song 两	duz 只	mbej 羊
三只鸡	sam 三	duz 只	gaeq 鸡

（6）时间副词"gonq（先）"在壮语中往往放在动词的后面充当补语。如：

汉语	壮语			
你先走	mwngz 你	bae 走		gonq 先
你先过来	mwngz 你	gamj 过	maz 来	gonq 先
你先讲完	mwngz 你	gangj 讲	lengh 完	gonq 先
我先吃饭	gou 我	gwn 吃	aemj 饭	gonq 先

（7）壮语中一般用"lai（多）……qvaq（过）"的句式来表述汉语里"……比……多"的意思。如：

汉语	壮语
我钱比你多	canh gou lai qvaq canh mwngz 钱 我 多 过 钱 你
我家人比你家人多	ranz gou vunz lai qvaq ranz mwngz 家 我 人 多 过 家 你
我比你高	gou lai sang qvaq mwngz 我 多 高 过 你
他家比你家好	ranz de ndei qvaq ranz mwngz lai 家 他 好 过 家 你 多

（8）汉语的谓语动词后面可以有两个宾语，表示人的宾语在前，表示物的宾语在后。壮语则在两个动词之间各带一个宾语来表述，壮语中比较典型的就是"……hawj（给）"的句式。如：

汉语	壮语
他给我钱	de hawj canh gou 他 给 钱 我
他把书交给我们	de hawj saw hawj raeuz 他 给 书 给 我们

因此,在教学实践过程中,教师要善于利用对比的方法,加深壮族学生对汉语语序的理解,排除母语干扰,这是变阻力为动力的极好办法。

第二节 壮族学生在汉语学习过程中常犯的语序偏误

壮汉两种语言的共性给壮族学生学习普通话提供了便利。但两和语言之间也有一定的区别,因此壮族学生在用汉语造句或写作时,会自觉不自觉地把壮语的语法结构套到汉语的句式里,产生"夹壮"现象。壮族学生在汉语学习过程中常犯的语序偏误一般有以下几种情况。

(一)名词语序颠倒

汉语	壮语
河鱼	bya dah 鱼 河
小明的妈妈	meh mingz 妈妈 明的

(二)定语后置

汉语	壮语
他有件白色衣服	de miz cuengz buh hau 他 有 件 衣服 白色
我有个黑色书包	gou miz daeh sw fonx 我 有 书包 黑色

（三）状语后置

汉语	壮语
今天我很累	ngoenzneix gou baeg lai 今天　　我　累　多
我先出去	gou ok bae gonq 我　出　去　先

（四）否定词语序的偏误

汉语	壮语
我还没吃完鱼肉	noh bya gou gwn cungz le 肉　鱼　我　吃　还　没完
电影他还没看完	den yingj de yawj cungz le 电　影　他　看　没有　完

（五）双宾语语序的偏误

汉语	壮语
他有一辆单车	de miz gyaq danci ndeu 他　有　辆　单车　一
老师教我们英语	son raeuz yinghyij laux sae 教　我们　英语　老师

因此，在对壮族学生进行壮汉语序比较的教学过程中，教师要对壮汉两种语言常犯的语序偏误进行对比分析，特别要找出壮汉语序的不同表达习惯，并给学生做详细的对比分析。只有这样，学生才能更好地掌握壮汉语序的异同点，不随意套用壮语语法，语法上的"夹壮"现象才可以减少。

第三节　壮汉语序比较在壮汉双语教学中的建议

在壮汉双语实际教学中，壮族学生在使用母语——壮语对话时不会提出"为什么这样说"的疑问，是一个自主自觉的过程。但当壮族学生用汉语来交流或写作时,脑海里经常会不自觉地浮现"为什么这样说"的疑问,自然而然地将汉语和母语进行比较。与母语相同的,易于掌握;与母语不同的,则难以掌握。因此,在实际教学过程中,教师要善于将汉语这个第二语言和学生的母语——壮语进行对比,这样才能更好地了解学生学习汉语的真正难点,然后在教学中进一步归纳总结、演绎分析,从而提高教学质量。我们可以从以下几个方面进行壮汉双语教学。

(一)运用对比法,得出异同

少数民族地区在汉语教学中要想提高双语教学效率,就要善于运用对比法。要让壮族学生真正认知壮语和汉语语序的区别,在日常汉语对话交流以及写作中避免语序的错误,可以对壮汉两种语法进行对比,通过对比找出相同点与不同点。对于相同点,我们可以利用壮族学生的壮语母语优势来解决;而不同点就是壮汉双语教学的重点与难点所在,这就需要加大教学力度。这样可以节省时间,提高壮族学生学习汉语的效率,收到事半功倍的效果。因此,在教学中教师应将壮语与汉语进行对比,使学生懂得壮汉语差异较大的词汇和句式,让他们在具体的语言环境中练习,进而规范汉语语法。

(二)运用归纳法,总结规律

教师应运用归纳法,总结壮汉语法的差异以及对应的一些规律,尤其是壮汉语在词汇、语法上的对应规律,这样,学生在用普通话交流和汉语写作时,就会根据规律有意识地避免语法错误,久而久之,壮族学生就会形成正确的汉语语言习惯,从而提高壮、汉两种语言的融会贯通能力。教师不仅要讲语法的纯理论,更要多举例。不要枯燥地将某个词列出来讲语法、讲规律,而应设情境,将词语放在句子中或话语里分析,进行壮语和汉语的对比讲评,这样直观生动,学生更容易理解,从而加深印象,牢记在心。

(三)运用演绎法,精讲多练

壮族学生习惯母语的表达方式,所以大部分壮族学生的作文里汉中夹壮,也就是语法方面夹有壮语的语法句式,句子的语序颠三倒四。教师在教学过程中使用归纳法得出壮汉语法异同规律的同时,也应应用演绎法将学生习作中常见的语法错误列举出来，及时讲评。让学生真正懂得自己作文错乱句子多的原因，逐步克服作文中的夹壮现象。

此外，教师在教学过程中不要一味地讲解，不要使用传统的"满堂灌"的教学方式，而应让学生多练习，在写作中巩固语法，加深印象。语法教学应以学生为中心，让学生根据句型进行造句练习，使学生在练习中掌握语法。让学生照抄五个句子，不如让他们自己造一个句子。教师的作用是纠正与指导学生的例句，而不是用大量现成的句子来代替学生的思考。语法教学不让学生进行语言实践，例句教得再多学生也难以消化，难以真正掌握。语法教学必须强调实践，多练多写，这样教学方可收到理想的效果。

壮汉语序对比是通过对两种语言语法的研究，揭示壮汉双语语序的特点和规律。这样不仅能让我们对所比较的壮汉语法有新的认识，而且可以促进对壮汉语语法理论的研究与探讨。总之，壮汉语序对比研究在理论与实践上都具有理论和现实意义，对壮汉双语语法教学也具有重要的指导意义。

第十一章 结 语

　　壮语是壮族人日常交往最重要的载体,是维系民族情感的纽带,承载着厚重的历史文化,是民族的象征。壮族文化中独有的婚嫁、生育、节日、歌谣与神话,经过数千年的变迁,仍旧散发着独特的魅力。在大力发展社会经济提高壮族人民生活水平的背景下,做好民族语言的文化保护工作,能为政府民族事务部门开展民族语言文化传承保护工作、维护民族文化安全提供参考与借鉴。然而,虽然壮语使用人数接近2000万,但作为一种使用人数最多的中国少数民族语言,它的语言研究成果并没有和使用人数形成相应的比例。我们不能苛求前人,只能期盼民族语言的研究者能够进行深入的壮语词汇研究。我们期待后来的有志者通过不懈的努力,在当前的现实条件下,一点一滴逐步积累研究经验,挖掘出更多的宝贵语料。

　　本专著主要通过壮汉语关系词的词义演化比较研究、壮语"体"范畴的词义研究、壮语"吃"的多义词研究、壮语形容词的直观形象色彩研究、壮语身体部位词的词义分析研究、壮语身体部位精细化词义及词性的转变研究、壮语身体部位词词义精细化的规律研究、壮泰语的状语类型以及标志词的比较研究、壮汉语序比较及壮汉双语教学建议等方面表现壮语的词义词性特点以及壮语词汇的使用情况,探讨壮族人使用壮语词汇表达交流的主要方式和对外界的认知。

参考文献

（一）专著

[1] 班弨．壮语描写词汇学［M］．北京：民族出版社，2010．

[2] 班弨．壮语汉语比较词汇学［M］．北京：民族出版社，2019．

[3] 陈孝玲．侗台语核心词研究［M］．成都：巴蜀书社，2011．

[4] 董同龢．汉语音韵学［M］．北京：中华书局，2011．

[5] 冯力．汉语时体的历时研究［M］．北京：语文出版社，2009．

[6] 黄伯荣，廖序东．现代汉语［M］．北京：高等教育出版社，2002．

[7] 何霜．忻城壮语语气词研究［M］．南宁：广西民族出版社，2011．

[8] 黄美新．大新壮语形容词研究［M］．北京：中国社会科学出版社，2013．

[9] 李旭练．都安壮语形态变化研究［M］．北京：民族出版社，2011．

[10] 梁敏，张均如．壮语方言研究［M］．成都：四川民族出版社，1999．

[11] 蓝庆元．壮汉同源词借词研究［M］．北京：中央民族大学出版社，2005．

[12] 刘叔新．词汇研究［M］．上海：外语教学与研究出版社，2006．

[13] 蒙元耀．壮语熟语［M］．北京：民族出版社，2006．

[14] 蒙元耀．壮汉语同源词研究［M］．北京：民族出版社，2010．

[15] 民族语文编辑组．民族语文研究文集［M］．西宁：青海民族出版社，1982．

[16] 倪立民，施建基，黄顺刚，等．语言学概论［M］．杭州：浙江大学出版社，2000．

[17] 裴晓睿．泰语语法新编［M］．北京：北京大学出版社，2001．

[18] 覃国生．壮语方言概论［M］．南宁：广西民族出版社，1996．

[19] 覃凤余，林亦．壮语地名的语言与文化［M］．南宁：广西人民出

版社，2007．

[20] 覃晓航．现代壮语[M]．北京：民族出版社，1995．

[21] 覃晓航．壮语词汇学[M]．北京：民族出版社，2004．

[22] 覃晓航．壮侗语族语言研究[M]．北京：民族出版社，2012．

[23] 陈彭年，等．宋本广韵[M]．南京：江苏教育出版社，2008．

[24] 沈北海，罗黎明．壮语900句[M]．南宁：广西民族出版社，2009．

[26] 韦景云，覃晓航．壮语通论[M]．北京：中央民族大学出版社，2006．

[27] 韦景云．武鸣壮语词汇研究[M]．北京：中央民族大学出版社，2019．

[28] 韦庆稳，覃国生．壮语简志[M]．北京：民族出版社，1980．

[29] 韦庆稳．壮语语法研究[M]．南宁：广西民族出版社，1985．

[30] 韦树关．东南亚语言汉语借词研究[M]．上海：上海辞书出版社，2022．

[31] 许慎．说文解字[M]．北京：中华书局，1963．

[32] 袁家骅．武鸣壮语词法初步研究[M]．南宁：广西民族出版社，1958．

[33] 赵倩，汉语人体名词词义演变规律及认知动因[M]．北京：中国社会科学出版社，2013．

[34] 张公勤，丁石庆．文化语言学教程[M]．北京：教育科学出版社，2004．

[35] 张均如，梁敏，欧阳觉亚，等．壮语方言研究[M]．成都：四川民族出版社，1999．

[36] 张元生，覃晓航．现代壮汉语比较语法[M]．北京：中央民族大学出版社，1993．

[37] 张志公．现代汉语[M]．北京：人民教育出版社，1982．

[38] 张志毅，张庆云．词汇语意学[M]．北京：商务印书馆社，2012．

[39] 张增业．壮—汉语比较简论[M]．南宁：广西民族出版社，1998．

[40] 郑贻青．壮语壮文研究：靖西壮语研究[M]．南宁：广西民族出版社，2013．

[41] 周艳鲜，何丽蓬．多元视角下壮语与泰语谚语比较研究[M]．北京：中国社会科学出版社，2021．

（二）参考工具书

[1] 黄进炎，林秀梅．实用泰语[Z]．广州：广东世界图书出版公司，2009．

[2] 李尔钢．词义与词典释义[Z]．上海：上海辞书出版社，2006．

［3］广西壮族自治区语委研究室．壮语词典［Z］．南宁：广西民族出版社，1991．

［4］广西壮族自治区语委研究室．壮语方言土语音系［Z］．南宁：广西民族出版社，1994．

［5］广西壮族自治区少数民族语言文字工作委员会研究室．壮汉词汇［Z］．南宁：广西民族出版社，1984．

［6］广西壮族自治区少数民族语言文字工作委员会．壮汉词典［Z］．南宁：广西民族出版社，1984．

［7］广西壮族自治区少数民族语言文字工作委员会研究室．壮语语法概述［Z］．南宁：广西民族出版社，1984．

［8］广西壮族自治区少数民族语言文字工作委员会．壮语量词［Z］．南宁：广西民族出版社，1988．

［9］广西壮族自治区少数民族语言文字工作委员会．壮语虚词［Z］．南宁：广西民族出版社，1988．

［10］广西壮族自治区少数民族语言文字工作委员会．武鸣壮语语法（修订本）［Z］．南宁：广西民族出版社，1989．

［11］广西壮族自治区少数民族语言文字工作委员会．壮汉英词典［Z］．北京：民族出版社，2005．

［12］广西壮族自治区少数民族语言文字工作委员会．广西民族语言方言词汇［Z］．北京：民族出版社，2008．

［13］广州外国语学院．泰汉词典［Z］．北京：商务印书馆，1990．

［14］韦树关，颜海云，黎莎．国外壮侗语族语言词汇集［Z］．北京：世界图书出版公司，2019．

［15］中央民族学院．壮侗语族语言词汇集［Z］．北京：中央民族学院出版社，1985．

［16］中国民族语文翻译局．现代汉壮词汇［Z］．南宁：广西民族出版社，2013．

（三）学位论文

［1］曹凯．壮语方言体标记研究［D］．北京：中央民族大学，2012．

［2］曹盼盼．壮语形容词带宾语语义关系研究［D］．南宁：广西民族大学，2016．

［3］陈前瑞．汉语体貌系统研究［D］．武汉：华中师范大学，2003．

[4] 符健彬．壮语武鸣话和勾漏粤语葵阳话"哪"系疑问代词对比研究[D]．南宁：广西民族大学，2022．

[5] 郭蒙蒙．广西义务教育阶段壮语文教学评价研究[D]．南宁：广西民族大学，2020．

[6] 黄美秋．天等壮语否定词和否定句研究[D]．南宁：广西民族大学，2022．

[7] 黄美新．大新壮语形容词研究[D]．北京：中央民族大学，2011．

[8] 黄诗婷．中里壮语副词研究[D]．南宁：广西民族大学，2020．

[9] 黄晓琳．马山壮语常用言说动词的传信功能研究[D]．南宁：广西民族大学，2020．

[10] 黄雅琦．田阳壮语参考语法[D]．南宁：广西大学，2021．

[11] 何仙．壮语桂边土语同应话后滑音研究[D]．昆明：云南民族大学，2023．

[12] 高璐芸．汉语"吃"词群的隐喻认知及文化内涵分析[D]．南京：南京师范大学，2021．

[13] 梁冬丽．天等壮语词汇研究[D]．南宁：广西民族大学，2022．

[14] 梁敢．壮语体貌范畴研究[D]．北京：中央民族大学，2010．

[15] 梁生．清塘壮语词汇专题研究[D]．南宁：广西民族大学，2023．

[16] 卢春艳．壮语涉医熟语的隐喻研究[D]．南宁：广西民族大学，2022．

[17] 陆俊玲．壮语形容词语义研究[D]．南宁：广西民族大学，2021．

[18] 陆奕晓．壮语同义形容词研究[D]．南宁：广西民族大学，2021．

[19] 兰雪香．柳城县六塘壮语代词研究[D]．南宁：广西师范学院，2011．

[20] 农梦莹．壮语方言体范畴研究[D]．南宁：广西大学，2019．

[21] 侬常生．那安壮语量词研究[D]．北京：中央民族大学，2012．

[22] 石彩虹．现代汉泰状语比较[D]．北京：北京语言学院，2004．

[23] 唐龙．从汉达壮语词汇看汉壮语的接触[D]．南宁：广西大学，2007．

[24] 温海瑛．壮族中小学生壮语传播的语言态度调查研究[D]．广州：广东外语外贸大学，2020．

[25] 汪美林．语文核心素养下少数民族高中生作文教学研究[D]．南宁：广西民族大学，2020．

[26] 王建良. 布依语体貌范畴研究 [D]. 贵阳: 贵州民族大学, 2021.

[27] 王素华. 汉语与泰语定语、状语语序的比较研究 [D]. 厦门: 厦门大学, 2008.

[28] 王龑. 清塘壮语核心词研究 [D]. 南宁: 广西民族大学, 2012.

[29] 王英远. 壮语性别词研究 [D]. 南宁: 广西民族大学, 2017.

[30] 韦爱云. 壮语词汇系统的计量研究 [D]. 杭州: 浙江大学, 2021.

[31] 韦爱秀. 东兰（板乐）壮语情态动词（?）dai˜3 研究 [D]. 杭州: 浙江大学, 2022.

[32] 韦海伦. 武宣壮语时间名词研究 [D]. 南宁: 广西民族大学, 2022.

[33] 韦君君. 钦州大寺壮语副词语义指向研究 [D]. 南宁: 广西民族大学, 2022.

[34] 韦孟伶. 武鸣壮语传信范畴研究 [D]. 南宁: 广西民族大学, 2022.

[35] 韦秋竹. 壮语人体量词研究 [D]. 南宁: 广西民族大学, 2023.

[36] 伍树燕. 壮语助词研究 [D]. 南宁: 广西民族大学, 2013.

[37] 伍雅丽. 认知语言学视域下壮汉身体部位词语的比较研究 [D]. 南宁: 广西民族大学, 2013.

[38] 叶俐丹. 壮汉动物词汇对比研究 [D]. 南宁: 广西民族大学, 2015.

[39] 杨心怡. 壮泰语动物类基本层次范畴词汇对比研究 [D]. 南宁: 广西民族大学, 2018.

[40] 曾露. 壮语文学科知识图谱构建及个性化学习资源推荐研究 [D]. 南宁: 广西师范大学, 2023.

[41] 赵海霞. 广西桂平金田壮语语法调查研究 [D]. 南宁: 广西民族大学, 2022.

[42] 赵晶. 汉壮名词组语序的比较研究 [D]. 南宁: 广西大学, 2008.

[43] 郑慧如. 汉壮语表确定、反预期语气词的比较研究 [D]. 南宁: 广西大学, 2021.

[44] 翟焦圆. 武鸣双桥壮语被动句研究 [D]. 南宁: 广西民族大学, 2020.

[45] 翟焦圆. 武鸣双桥壮语被动句研究 [D]. 南宁: 广西民族大学, 2020.

[46] 张伟权. 基于深度学习的壮语命名实体识别研究 [D]. 南宁: 广西师范大学, 2023.

[47] 朱敏敏. 田东壮族《唱唐皇》研究 [D]. 南宁: 广西民族大学, 2022.

（四）期刊论文

[1] 方雯鑫，韦爱云. 基于文献计量分析的国内外壮语词汇研究综述 [J]. 河池学院学报，2021，41（6）：41-54.

[2] 付妮. 从壮语谚语看壮族男女的爱情婚姻观 [J]. 汉字文化，2019，（9）：140-141+145.

[3] 韩林林，王俊清. 论语言接触下的壮汉名词语语序类型对比 [J]. 民族翻译，2011（3）：69-74.

[4] 海路. 壮汉双语教育模式变迁论 [J]. 广西民族研究，2016（5）：77-84.

[5] 霍生玉. 汉语"吃喝"语义场历史演变的动因分析 [J]. 语文学刊，2009，（7）：18-20.

[6] 霍生玉，陈建初. 语义场的古今演变：对"吃喝"义场演变轨迹的探析 [J]. 求索，2009（8）：197-199.

[7] 黄恒拾，蓝婷. 民间存在越南语"像"壮语的误解分析 [J]. 侨园，2020（9）：90-91.

[8] 黄倩. 壮语词汇思维方式的认知初探 [J]. 大众科技，2020，22（4）：131-133.

[9] 黄绍光. 广西河池地区壮语地名分类探微 [J]. 南宁职业技术学院学报，2020，25（5）：87-92.

[10] 黄晓蓉. 壮语使用情况及语言态度调查分析：以广西壮族自治区天等县永乐村为例 [J]. 云南农业大学学报（社会科学），2021，15（2）：131-138.

[11] 蒋雯，李振中，申佳.《古壮字字典》及壮语分类词研究的历史回顾 [J]. 今古文创，2022，（32）：58-60.

[12] 解海江. 汉语义位"吃"词义扩展的认知研究 [J]. 烟台师范学院学报（哲学社会科学版），2006，（1）：91-94.

[13] 孔桂英. 西双版纳傣语与崇左壮语地名对比及其特征文化研究 [J]. 梧州学院学报，2023，33（1）：36-46.

[14] 蓝盛，李锦芳. 民族文化交融的典范：方块壮字的"汉字化"[J]. 广西民族研究，2022，（4）：147-155.

[15] 吕嵩崧. 壮语和广西汉语方言"鸡""牛"义语素的多功能模式及其形成 [J]. 民族语文，2019，（3）：36-50.

[16] 吕嵩崧. 壮语"完毕"义语素的语法化及对广西汉语方言的影响[J]. 方言, 2019, 41 (4): 496-511.

[17] 吕嵩崧. 壮语德靖土语近指指示词的演变: 基于语言接触的视角[J]. 广西师范大学学报 (哲学社会科学版), 2019, 55 (4): 108-118.

[18] 吕嵩崧. 壮语"母亲"义语素[J]. 广西民族研究, 2019, (6): 155-163.

[19] 吕嵩崧. 南部壮语受汉语影响形成的概数表示法[J]. 百色学院学报, 2020, 33 (3): 48-56+2.

[20] 梁起. 巧借壮语特点促进汉语教学[J]. 语文世界 (教师之窗), 2018, (11): 35-36.

[21] 梁业佳. 21世纪以来国内学者对广西壮语语言演变的研究综述[J]. 参花 (下), 2021, (10): 64-67.

[22] 梁振仕. 略论壮语与汉语的亲属关系[J]. 广西大学学报 (哲学社会科学版), 1984, (2): 20-27.

[23] 林超琴, 黄民理. 少数民族濒危语言的保护与传承研究: 以壮语为例[J]. 地方文化研究辑刊, 2021, (2): 238-242.

[24] 林琳, 粟芳, 李一丹. 多种语言文化环境下广西壮族大学生英语习得的迁移状况及教学策略研究[J]. 教育教学论坛, 2019, (18): 93-94.

[25] 李锦芳. 壮语汉借词的词义和语法意义变异[J]. 中央民族大学学报, 2001, (3): 115-121.

[26] 李锦芳. 壮语和越南语汉借词语音差异及成因[J]. 中央民族大学学报 (哲学社会科学版), 2023, 50 (4): 130-135.

[27] 李金阳. 壮语形容词、动词后附音节研究综述[J]. 百色学院学报, 2020, 33 (1): 71-76.

[28] 李金阳. 壮语状貌词语义系统探析[J]. 民族翻译, 2023, (1): 83-95.

[29] 李兰艳. 壮汉双语教学促进学生学习汉语文的有效策略探究[J]. 小学教学参考, 2019 (18): 39-41.

[30] 李树新. 论人体词语的文化意蕴[J]. 内蒙古大学学报 (人文社会科学版), 2002, (5): 58-63.

[31] 李秀华. 壮语形修名语序特征及其制约机制[J]. 广西民族师范学

院学报，2022，39（3）：67-72．

[32] 陆淼焱．靖西壮语部分受汉文化影响的民俗和宗教词语［J］．广西民族师范学院学报，2020，37（4）：87-91．

[33] 陆天桥．壮语领属标记的可让渡性探析［J］．广西师范大学学报（哲学社会科学版），2019，55（6）：108-120．

[34] 陆天桥．论壮语类别词的非词头性［J］．民族语文，2021，（5）：3-15．

[35] 罗琪．传播学视角下广西壮语传承推广传播策略探索［J］．传播力研究，2019，3（10）：192-194．

[36] 马丽．壮语人体词汇语义特征分析：兼与汉语人体词汇比较［J］．柳州职业技术学院学报，2011，11（3）：71-73．

[37] 蒙元耀，梁生．壮语-aw韵字研究［J］．广西民族研究，2018，（5）：137-145．

[38] 莫安忠．浅谈广南壮语和泰语的"一"和"二"［J］．文山学院学报，2020，33（1）：98-105．

[39] 莫建才．邕南壮语那廊话的定语标记ka˜0［J］．贺州学院学报，2023，39（3）：58-69．

[40] 穆永岩．现代汉语"吃"类动词隐喻形成的动因［J］．才智，2013，（23）：219-220．

[41] 潘立慧．上林壮语情态动词［J］．百色学院学报，2016，29（3）：86-90．

[42] 潘立慧．语言接触引发的语法变异：汉语借词在壮语中的后续性演变［J］．百色学院学报，2022，35（1）：59-62．

[43] 覃东生，覃凤余．广西汉、壮语方言的方式助词和取舍助词［J］．中国语文，2018，（5）：575-587+639．

[44] 覃凤余．北部壮语区歌谣的韵律篇章结构及其演变［J］．民族艺术，2019，（2）：39-50．

[45] 覃凤余．壮语的量词定语标记［J］．民族语文，2019，（6）：6-18．

[46] 覃凤余，王全华，程博．壮语方言"放置"义语素的多功能性及语义演变［J］．历史语言学研究，2021，（2）：166-186．

[47] 覃晓航．壮语称谓系统中ta˜6、tak˜8的特点和来源及其所反映的文化内容［J］．广西民族研究，1988，（4）：96-102．

［48］覃祥周．试论壮语动词"guh"的翻译及用法［J］．民族翻译，2012，（2）：88-91．

［49］覃远雄．桂南平话、粤语的后滑复合元音韵母：壮语母语干扰引起的演变［J］．民族语文，2020，（6）：56-62．

［50］苏慧慧，谭丽萍．虚构运动在壮语中的表征及其认知特性［J］．中国民族博览，2019，（14）：90-92．

［51］苏巧龙．从认知隐喻的视角谈壮语地名［J］．柳州职业技术学院学报，2020，20（5）：89-92．

［52］苏学权，李年惠，覃诗雅．民族文化传承视角下壮汉双语学校校园文化建设研究［J］．基础教育研究，2023，（4）：4-7．

［53］孙瑞，赵琪琪．壮族大学生所用壮语语序的现状：一项社会语言学调查［J］．民族语文，2021，（6）：67-78．

［54］唐龙．试论"铸牢中华民族共同体意识"的壮语翻译［J］．民族翻译，2023，（1）：76-82．

［55］唐素勤，孙亚茹，李志欣，等．基于强化学习的壮语词性标注［J］．计算机工程，2020，46（4）：309-315．

［56］童山东．语境及语义研究历史演进的方法论意义［J］．河南师范大学学报（哲学社会科学版），1998，（4）：1-6．

［57］韦彩珍．汉语复杂句的壮语翻译：以党政文献翻译为例［J］．民族翻译，2022，（3）：5-13．

［58］韦达．壮语词汇的文化色彩：壮族语言文化系列研究之二［J］．中南民族学院学报（人文社会科学版），2002，（3）：81-84．

［59］韦焕干．东兰壮语"量名"结构的句法及语义特征［J］．语言研究集刊，2022，（1）：156-176+403．

［60］韦家朝，韦宏．广西壮汉双语课堂教学模式的构建［J］．教育教学论坛，2018（44）：196-197．

［61］韦景云，李旭练．壮汉语序的差异研究：兼论壮族地区双语教学问题［J］．广西民族学院学报（哲学社会科学版），2004（5）：129-133．

［62］韦景云．壮语持续体标记方言词分布［J］．百色学院学报，2020，33（5）：26-30．

［63］韦玖灵．试论壮汉民族融合的文化认同［J］．学术论坛，1999，（4）：19-22．

[64] 韦婧. 跨境壮语语境里壮汉双语教育研究 [J]. 教育现代化, 2019, 6（A5）：261-262+275.

[65] 韦亮节. 忻城壮语"gwn"及其隐喻 [J]. 柳州职业技术学院学报, 2019, 19（2）：50-53.

[66] 韦亮节, 郑春玲. 论壮学研究中语言人类学的运用 [J]. 四川民族学院学报, 2022, 31（2）：35-40.

[67] 韦亮节. 似汉还壮：思练壮语新借词探析 [J]. 贺州学院学报, 2023, 39（3）：70-75+91.

[68] 韦兰明. 壮汉双语教育发展的困境与前景 [J]. 广西民族大学学报（哲学社会科学版）, 2017, 39（1）：154-159.

[69] 韦名应. 林岩壮语形容词后附音节的来源 [J]. 百色学院学报, 2020, 33（1）：59-63.

[70] 王江苗. 从壮语词汇看壮民族的认知能力及思维方式 [J]. 语文学刊（外语教育与教学）, 2009,（12）：44-46.

[71] 王松茂. 汉语时体范畴论 [J]. 齐齐哈尔师范学院学报（哲学社会科学版）, 1981（3）：65-76.

[72] 王英远. 壮汉数词"一"语法特征对比 [J]. 河池学院学报, 2019, 39（3）：82-85.

[73] 王盈盈, 覃东生. 广西汉、壮语方言"给予"义语素的两种特殊用法 [J]. 百色学院学报, 2018, 31（6）：29-35.

[74] 吴小奕. 发挥跨境壮语优势 扩展使用功能 [J]. 语言战略研究, 2018, 3（4）：56-57.

[75] 武玉洁. 谈谈"吃"对汉语词汇的文化渗透 [J]. 科教文汇（上旬刊）, 2009,（22）：237-238.

[76] 肖昉. 壮语 naj 的认知研究 [J]. 南宁职业技术学院学报, 2019, 24（6）：88-92.

[77] 向课书, 吴芙芸. 区域类型特色壮语双宾论元交替句式的产出分布 [J]. 当代外语研究, 2020,（6）：59-67+1-2.

[78] 徐策. 浙江武义方言"食"字考释：以古代汉语、方言和普通话为视角 [J]. 现代语文（语言研究版）, 2011,（12）：45-48.

[79] 许小红, 王倩, 甘永萍. 边境地区壮语地名空间分布及其影响因素研究：以崇左市为例 [J]. 南宁师范大学学报（自然科学版）,

2023，40（3）：124-135.

[80] 熊奥奔. 壮语视觉词的认知机制研究：以马山壮语为例［J］. 广西民族研究，2020，（3）：150-156.

[81] 杨桂丽. 文山壮语与泰语动词语法异同探析［J］. 文山学院学报，2021，34（2）：67-71.

[82] 杨桂丽. 泰语与文山壮语动词结构异同分析［J］. 文山学院学报，2021，34（5）：72-76.

[83] 杨月园，李素红，梁广旋. 词语借用视角下的汉壮饮食文化融合研究［J］. 文学教育（下），2018，（12）：30-32.

[84] 游辉彩. 泰语与壮语人体词指称"人"的认知比较［J］. 当代外语教育，2019，（00）：131-139.

[85] 游辉彩. 壮语与泰语同源人体词的性格范畴认知与文化［J］. 当代外语教育，2023，（00）：159-168.

[86] 张丽，黄平文. 壮语词语形象色彩类别分析［J］. 广西民族师范学院学报，2011，28（4）：87-91.

[87] 张绍全. 词义演变的动因与认知机制［J］. 外语学刊，2010，（1）：31-35.

[88] 张韦，莫蓝翔. 壮语电视新闻制作创新探析：以广西广电和网络视听民族语优秀获奖作品为例［J］. 新闻潮，2021，（11）：54-56+64.

[89] 张孝飞，陶思羽. 运用隐喻理论开展第二语言词汇教学：以广西壮族自治区语言教学为例［J］. 汉字文化，2019，（9）：115-119.

[90] 张元生. 武鸣壮语名量词新探［J］. 中央民族学院学报，1993，（4）：77-86.

[91] 张元生. 武鸣壮语的名量词［J］. 民族语文，1979，（3）：191-198.

[92] 曾丽容，韦景云. 上思壮语tou~2的语义功能及演变路径［J］. 百色学院学报，2023，36（2）：52-58.

[93] 周彩虹. 武宣壮语熟语的民族文化蕴含及价值审视［J］. 桂林师范高等专科学校学报，2020，34（4）：63-67.

[94] 周彩虹. 武宣壮语熟语及其修辞特征探究［J］. 文学教育（上），2020，（12）：146-149.

[95] 周飞伶. 互联网时代基于新创制文字的少数民族文化传播：以网络壮文写作的壮语文化传播为例［J］. 广西民族研究，2019，（1）：

164-169.

[96] 周国平. 新灵壮语的个体称人量词[J]. 广西民族大学学报（哲学社会科学版），2020，42（4）：193-199.

[97] 周丽莉. 壮语谚语的语用特征研究[J]. 佳木斯职业学院学报，2021，37（12）：91-93.

[98] 周艳鲜. 壮语与泰语谚语中的"雨"意象[J]. 广西民族师范学院学报，2018，35（5）：67-71.

[99] 夏立新. 谈多义词的词义辨析和处理[C]//中国辞书学会双语词典专业委员会. 中国辞书学会双语词典专业委员会第6届年会暨学术研讨会论文专辑. 广东外语外贸大学，2005：3.

后　记

　　书稿历经近半年的准备，今日终于接近尾声。心有如释重负的感觉，同时又感慨万千，因为书稿还未达到我预期的目标，但又且享受这份喜悦之情！写作过程中，由于时间紧迫，我一度处于紧张惶恐的状态，总感到自我的粗陋与肤浅，感到思维的不甚严密和语言的贫乏无力。我在开始执笔时才感觉到，这个阶段的我还没具备与我的目标所相当的学术水平和能力。对我而言，这本拙著是我一次艰难的跋涉，它不够完美，甚至略显粗糙，但我对它却用尽了百分之百的心力和智力。写作此书时，我常常在一小节文字上都要反复修改好几遍。著书的经历，亦是认清自我的过程，在这一过程中我更加认识到自我的分量，自我所欠缺的东西，并明确自我努力的方向。梦想的东西总是很完美，但不经历艰难、朴素甚至枯燥的旅途，怎能抵达完美的终点？我只能暂时慰藉自己不断努力去提高科研水平和积累科研经验。

　　从南国邕城到沪城这座国际化的都市读博，我收获颇丰，受益匪浅。同时，读博的历程是艰辛的，也是磨炼心智的过程。本著作凝聚了我的汗水和心血，是我读博的成果之一。书稿的出版，得益于各方面的支持和帮助。首先感谢韦树关教授，韦教授百忙之中拨冗审阅书稿，并提出细致的修改方案；蒙元耀研究员、何霜教授、覃祥周译审也为本书提出宝贵的建议；在写作过程中，博导王双成教授也给予我很大的支持和鼓励；吴腾毅师弟撰写了第六、七、八章，充实了专著的内容。在此，表示深忱的谢意。感谢广西民族大学文学院给予经费上的支助，最后感谢中国传媒大学出版社多次校对，专著才得以顺利出版。

由于作者水平有限，加上时间仓促，拙作难免存在错漏与不足之处，恳请学界专家、同仁及广大读者批评指正。

赵民威

2023 年 10 月 28 日于学思湖畔

图书在版编目（CIP）数据

广西壮语词义及词性关系概论 / 赵民威, 吴腾毅著. ——北京：中国传媒大学出版社, 2023.12
ISBN 978-7-5657-3526-4

Ⅰ.①广… Ⅱ.①赵…②吴… Ⅲ.①壮语 – 词汇 – 研究–广西 Ⅳ.①H218.3

中国版本图书馆CIP数据核字(2023)第244905号

广西壮语词义及词性关系概论

GUANGXI ZHUANGYU CIYI JI CIXING GUANXI GAILUN

著　　者	赵民威　吴腾毅
策划编辑	温晓芳
责任编辑	温晓芳
封面设计	衡水锦帛文化传播有限公司
责任印制	李志鹏
出版发行	中国传媒大学出版社
社　　址	北京市朝阳区定福庄东街1号　　邮　编　100024
电　　话	86-10-65450528　65450532　　传　真　65779405
网　　址	http://cucp.cuc.edu.cn
经　　销	全国新华书店
印　　刷	唐山玺诚印务有限公司
开　　本	710mm×1000mm　1/16
印　　张	10.5
字　　数	170千字
版　　次	2023年12月第1版
印　　次	2023年12月第1次印刷
书　　号	ISBN 978-7-5657-3526-4/H · 3526　　定　价　60.00元

本社法律顾问：北京佳润律师事务所　　郭建平